Samy Molcho

Alles über Körpersprache

Fotos Thomas Klinger

Mosaik Verlag

Fotos: Thomas Klinger
Layout: Rita Gerstenbrand
Redaktion: Sigrid Bleuel, Ulrike Erbertseder

Der Mosaik Verlag ist ein Unternehmen
der Verlagsgruppe Bertelsmann

© 1995 Mosaik Verlag GmbH, München / 5 4 3 2
Satz: DTP-Satz Walter Umbricht
Reproduktion: penta repro, München
Druck und Bindung: Milanostampa, Farigliano
ISBN 3-576-10496-8
Printed in Italy

Inhalt

Vorwort 7

Der Körper spricht 8

Angeborene Körpersignale 30

Die sozialen Signale 40

Mann und Frau 64

Wirkung und Wahrheit 98

Das Gefühl spricht 134

Die Körperteile sprechen 146

Register 224

Vorwort

Der Mensch sucht stets nach Neuem. Wir jagen den aktuellen Errungenschaften nach, es treibt uns nach vorn, hin zu dem, was wir Fortschritt nennen.

Leider treibt uns derselbe Impuls auch weg von uns selbst. Dabei kann nur die Bindung an unseren Ursprung, nur das Besinnen auf unsere Primärsprache, in der Geist und Tat eine Einheit bilden, uns helfen, zu uns zu finden.

Wasser ist ein Urelement. Es fließt, es ist weich, es ist voller Kraft, und es fügt sich problemlos in jede Form, paßt sich jedem Gefäß an, ohne dabei seine Eigenschaft zu verlieren.

Genauso sollten menschliche Beziehungen und die Kommunikation untereinander sein. Körpersprache ist ein fließendes Element, das sich verändert, in jeder Begegnung neue Formen annimmt, wie das Wasser in einem Gefäß, und das doch unverändert bleibt. Körpersprache ist der Ausdruck unserer Wünsche, unserer Gefühle, unseres Wollens, unseres Handelns. Sie verkörpert unser Ich.

Dieses Buch versucht die vielen Fragen zu beantworten, die sich durch die Entfremdung von uns selbst ergeben haben, Fragen, die jeder mit sich herumträgt und oft gar nicht zu stellen wagt. Damit wir den Weg zu uns und zu anderen finden.

Der Körper spricht

Was ist Körpersprache?

Wenn wir von Körpersprache reden, gehen wir davon aus, daß der Körper mit seiner Umwelt kommuniziert.

Läßt sich diese Kommunikation bereits als Sprache verstehen?

Sobald es jemanden gibt, der die Signale des Körpers wahrnimmt und darauf reagiert, ist es eine neue Sprache.

Der Körper bringt seine Wünsche zum Ausdruck, die entweder einer inneren Absicht folgen oder auf einen äußeren Reiz reagieren.

Drückt der Körper also vor allem ein Verlangen aus?

Oder Abwehr. Der Ausdruck inneren Bedürfnisses wird stets positiv sein, weil er einen Wunsch transportiert. Die Reaktion auf Angebote von außen kann positiv oder negativ ausfallen. Die Signale, die das eine oder das andere erkennen lassen, nennen wir Körpersprache.

AKTIVITÄT IST BEI KEINEM DER PARTNER AUSZUMACHEN (linke Seite). Das Gesicht des Mannes ist unbeweglich, die Arme hängen am Körper herab. So animiert er die Partnerin nicht zu einer Reaktion. Sie lehnt sich zurück, hat den Halt auf dem zurückgesetzten Bein, kommt ihm also nicht entgegen und hat auch noch als Barriere die Arme verschränkt. Ganz anders auf dem Bild rechts. Die Haltung des Mannes ist leicht nach vorn geneigt. Er kommt der Partnerin nahe, aber durch seine offene Körperposition bedrängt er sie nicht. Die linke, die Gefühlshand ist aktiv, Daumen und Zeigefinger weisen auf etwas Feines hin, was auch der Gesichtsausdruck suggerieren soll. Er erreicht, daß die Partnerin sich öffnet, die Arme sind nicht mehr verschränkt, der Körper ruht nicht mehr auf dem hinteren Bein, sondern bewegt sich nach vorn.

DER KÖRPER SPRICHT

Sind alle Körpersignale ursprünglich kommunikativ angelegt?

Nein. Viele Bewegungen drücken lediglich einen Zustand aus. Man sieht es den Körpersignalen eines Menschen an, ob er traurig oder fröhlich, müde oder interessiert ist. Aber diese Signale sind nicht von vornherein dazu geschaffen, daß ein anderer sie wahrnimmt und darauf antwortet.

Werden solche Zustände aber nicht häufig als Aufforderung zur Kommunikation angesehen?

Ja. Auch wenn sie nicht als Beginn eines Dialogs angelegt sind, entsteht bereits durch das Wiedererkennen eines selbst schon erlebten Zustands beim anderen eine kommunikative Haltung. Da sitzt zum Beispiel jemand allein auf einer Bank, und sein Ausdruck signalisiert deutlich, daß er nicht gestört werden möchte. Ein anderer kommt vorbei, sieht den Einsamen, und sofort ergeben sich zwei vordringliche Verhaltensweisen: Entweder er respektiert die Verschlossenheit des Einsamen, oder er fühlt sich sozial herausgefordert und fragt, was denn passiert sei und ob er helfen könne.

Welches Verhalten kann in diesem Fall als richtig gelten?

Das ist schwer zu sagen. Wollte der Einsame, daß ihn einer herausholt aus seinem Zustand? Oder

EINE DISKUSSION ZWISCHEN MANN UND FRAU zeigt (links) den Mann in einer leicht geschwächten Position: Er steht nicht fest auf beiden Beinen. Die Frau hat eine gute Standposition. Ihre Haltung ist offen, aber Hände und Arme zeigen, daß sie etwas packen will. Der Mann (Mitte) will sie bedrängen, aber sie weist ihm die kalte Schulter. Der Mann bleibt schließlich allein (rechts). So entsteht keine Kommunikation.

10

wird er sich gestört fühlen, weil er mit voller Absicht allein sein wollte? Nur seine Reaktion auf unser Verhalten kann die Antwort geben.

Wie kann man erkennen, ob eine Hilfestellung eher störend als erwünscht ist?

In den unterschiedlichen Kulturen auf verschiedene Weise. In nördlichen Breiten ist es einfach: Jemand, der allein sein will, geht in sein Zimmer und macht die Tür zu. Im Mittelmeerraum, wo das Leben sich weitgehend unter freiem Himmel abspielt und meistens in Gemeinschaft mit vielen, läßt sich eine eindrucksvolle Beobachtung machen: Mitten unter allen anderen sieht man einen Menschen, dessen Körper in sich zusammensinkt und dessen Blick nach innen geht. Niemand wird ihn stören. Er wird als nicht anwesend betrachtet, und zwar so lange, bis sich sein Blick wieder nach außen öffnet.

Wer wirklich in sich abgeschlossen bleibt, will auch nicht gestört werden. Sendet er jedoch von Zeit zu Zeit einen Blick zu anderen oder zu einem anderen und signalisiert damit: »Siehst du, in welchem Zustand ich mich befinde?«, dann steckt dahinter oft der Hilferuf: »Hol mich heraus!«

Gibt es weitere Bewegungen, die nicht auf Dialog angelegt sind?

Es gibt zielgerichtete Bewegungen, die nichts anderes als Handlung signalisieren. Jemand greift zu einem Glas, und wir wissen, er will trinken. Steht das Glas nicht so nahe, daß er es mühelos ergreifen kann, wird sich sein Körper strecken, um zu dem Gewünschten zu gelangen. Vielleicht bemerkt einer der anderen die Bemühung und schiebt ihm das Glas zu, ohne durch einen Blick oder ein Wort um Hilfe gebeten worden zu sein. Was empfindet der Durstige? Er kann es als eine angenehme Aufmerksamkeit betrachten (»Schau, Sie verstehen mich, obwohl ich nichts gesagt habe!«) und macht sich nicht bewußt, daß sein Körper einen Notzustand ausgedrückt

hat, der einfach nicht zu übersehen war. Er aber freut sich, wahrgenommen worden zu sein. Oder es irritiert ihn, daß ungebetene Hilfe kommt, und er reagiert negativ: »Ich brauche keine Hilfe, ich helfe mir allein.« Sein Blick ist voller Abwehr.

Wir machen es uns oft nicht bewußt, wie unmißverständlich unser Körper spricht.

Das Beispiel ist typisch für körpersprachliche Signale, die nicht auf Kommunikation angelegt sind und dennoch Kommunikation erzeugen.

Sind körpersprachliche Signale stets und für jeden so eindeutig, wie sie dieser Fall beschreibt?

In ihrer ursprünglichen Funktion sind Körpersignale in der Tat eindeutig. In der Interpretation sind sie nicht mehr eindeutig. Es kommt hier leicht zu einem Konflikt mit der Umgebung. Man wird fragen müssen, wie ein und dieselbe Bewegung auf verschiedene Personen wirkt, von denen jede einen anderen Raster des Aufnehmens hat, einen Raster von Erwartung und Absicht. Unter diesem Aspekt wird interpretiert, und damit jede Bewegung unterschiedlich interpretiert.

Also sind körpersprachliche Signale auslegbar?

Bewegungen des Körpers sind wie jede Art von Information auslegbar. Die Neigung unserer Zeit, alles objektivieren zu wollen, sollte im Umgang mit Körpersprache zurückgedrängt werden. Denn Körpersprache ist sowohl in ihrer Darstellung als auch in ihrer Wahrnehmung subjektiv. Hier liegen die Konflikte, hier liegen die Auseinandersetzungspotentiale. Je mehr Informationen wir uns holen, um so genauer können wir mit Körpersprache umgehen.

Warum müssen es so viele Informationen sein, um richtig zu interpretieren?

Ich will es an einem Unterschied klarmachen, an dem Unterschied zwischen einem kleinen Volks-

DER KÖRPER SPRICHT

stamm und unserer modernen Massengesellschaft. In einem Stamm sind die Menschen von Geburt an miteinander vertraut, fast wie es Brüder und Schwestern untereinander sind. Vieles, wenn nicht alles ist von jedem einzelnen bekannt: seine Wünsche, seine Launen, seine Reaktionen. Besondere Signale sind – was auch gefährlich sein kann und nicht immer zu richtigen Schlußfolgerungen führt – eingebettet in eine vertraute allgemeine Information, die jeder besitzt. Daher ist der momentane Eindruck, den einer macht, als Information nicht von großer Wichtigkeit, weil sich über die Jahre längst ein Bild ergeben hat. Manche Signale sind entweder zu schwach oder zu wenig eindeutig, um erkannt zu werden. Sie bleiben ohne Wirkung.

In der Gesellschaft von heute lebt der Mensch nahezu anonym. Wir werden immer wieder mit der Tatsache konfrontiert, daß uns jemand zum ersten Mal sieht. Er weiß nichts von meinen Gefühlen, von meinen Standpunkten, Gedanken, von meiner Weltanschauung, von meinen Wünschen, Träumen und Absichten. Gebe ich nun ein Signal, und was dahintersteckt ist dem anderen unbekannt, so wird er sich schwer tun, mein Signal so zu interpretieren wie einer, der mich kennt. Und er würde meine Bewegung wahrscheinlich ganz anders interpretieren, wenn er über meinen subjektiven Background Bescheid wüßte.

Wie kann ich dann feststellen, wie ich auf einen anderen wirke?

Zunächst kommt es darauf an, überhaupt Wirkung auszuüben. Manche Signale sind entweder zu schwach oder zu wenig eindeutig, um erkannt zu werden. Sie bleiben ohne Wirkung.

Die erste Frage heißt also: Wie kann ich feststellen, ob ich auf einen anderen wirke?

Ganz einfach: Wenn ich auf jemanden wirke, muß sich bei ihm etwas verändern. Die Veränderung

HERRSCHAFTS-BILDER GEHÖREN ZUM IMPONIERGEHABE. Unser Mann zeigt, wie er lässig auf einem Bein stehen kann. Aber eine Stütze braucht er doch, was den Eindruck der Stärke herabsetzt. Seine Gefühlshand (die linke) ist versteckt. Seine wahren Gefühle versucht er nicht zu zeigen.

IMPONIERGEHABE KANN AUCH DURCH DEN AUGENSCHEINLICHEN BRUCH von Konvention überzeugen wollen. Den Fuß auf eine Sitzfläche zu stellen, das tut man eigentlich nicht. Die angenommene legere Haltung gehört zum Spiel. Die rechte Hand ist handlungsbereit, die linke versteckt.

EIN SCHWACHES BILD bietet diese Körperhaltung. Die Füße stehen beieinander, wie bei einem artigen Kind. Er steht vorgeneigt, wagt aber nicht, Raum in Anspruch zu nehmen. Er hält sich an seinem Stuhl fest.

DOMINANZ UND TERRITORIALEN ANSPRUCH zugleich drückt das breitbeinige Sitzen auf dem umgedrehten Stuhl aus. Offenbar aber braucht unser Mann den Schutz der Stuhllehne. Aus sicherer Position sucht er direkte Ansprache. Sehr beweglich ist er so nicht.

13

DER KÖRPER SPRICHT

kann sich in einer Bewegung Ausdruck verschaffen, im Gesichtsausdruck, in einem nach außen sichtbaren inneren Geschehen, zum Beispiel durch Erröten; auf jeden Fall muß irgendeine Veränderung auftreten, auch wenn sie nur minimal erscheint.

Wenn ich wirken will, muß ich also darauf achten, ob sich beim anderen etwas verändert?

Ja, deshalb sehen wir den anderen an. Wir wollen wissen, ob er reagiert. Und Re-agieren ist eine Form des Agierens. Aktion äußert sich in Bewegung und bedeutet, daß der andere aufgenommen hat, was ich signalisiert habe.

Wenn ich aber etwas neu aufgenommen habe, kann ich in keinem Fall so bleiben, wie ich vorher war. Es hat sich bei mir etwas verändert.

Wenn der andere reagiert, heißt das zugleich auch, daß er die Botschaft akzeptiert?

Gewiß nicht, aber erst dadurch, daß sich etwas verändert hat, daß ich »bewegt« worden bin, kann ich Stellung nehmen.

Was geschieht, wenn der andere nicht auf mein Signal reagiert?

Er zwingt mich, meine Signale zu intensivieren, verbal oder nonverbal, weil ich glaube, ihn nicht erreicht zu haben, obwohl ich ursprünglich nicht die Absicht hatte, so intensiv zu werden.

Wie erkenne ich, ob mein Signal eine positive oder negative Reaktion hervorruft?

Das ist sehr einfach. Bei positiven Gegensignalen bewegt sich der Körper frei, entspannt, locker. Alle Bewegungen, die den Körper breiter machen, die sich mir gegenüber öffnen (z. B. die Hände), beweisen positive Wirkung. Auch wer sich auf mein Signal hin freier im Raum bewegt, reagiert positiv, denn er gibt Zeichen seines Wohlbefindens. Ein Mensch, der sich zurücklehnt, den Kopf ein wenig zur Seite neigt

(und damit den Halswirbel entlastet), die Arme öffnet, sich mir zuwendet, lächelt, zeigt sich aufgeschlossen. Seine Bewegungen finden zu einem harmonischen Rhythmus. Das alles heißt, ich habe positiv gewirkt.

Und woran erkenne ich eine negative Wirkung?

Im Gegenteil der positiven Reaktion: der Körper verhärtet sich, als ob die Haut sich schlösse, die Gelenke werden etwas steifer. Unbeweglichkeit ist die Folge. Oder sie entsteht aus einer gewissen Angst, einen falschen Schritt zu machen. Die Bewegung erstarrt. Der Körper oder Teile davon ziehen sich zurück.

Kann man von Grundreaktionen des Körpers sprechen?

Wir können von Grundreaktionen ausgehen. Nehmen wir als Beispiel die einfachsten Formen von Bewegungen: offene und geschlossene. Die offenen Bewegungen stellen sich immer dann ein, wenn wir einen positiven Reiz empfinden: Ich öffne mich der Welt gegenüber, denn ich habe weder etwas zu verbergen noch etwas zu befürchten. Als würden die Fenster und Türen meines Herzens weit aufgemacht und ich habe keine Angst vor Dieben oder ungebetenen Zuschauern. Auf unseren Körper bezogen heißt das: die Haut entspannt sich, die Arme gehen weit auseinander. Ich habe nicht das Bedürfnis, meinen weichen Bauch oder meinen Oberkörper zu schützen, indem ich die Oberarme als Barrieren benutze. Meine Bewegungen sind fließend. Unbeweglichkeit signalisiert eine Hab-acht-Stellung, das Gegenteil von Offenheit. Die Arme bewegen sich schützend vor dem Körper.

Wie zeigt sich diese Offenheit?

Ein gutes Merkmal sind die nach oben gewendeten Handflächen. Denn ganz selten heben wir die Arme oder breiten sie aus, wenn unsere Handflächen nach unten zeigen. Drehe ich die Handflächen aber nach außen und setze die Bewegung fort, werden die Arme automatisch nach oben und vom Körper weg geführt. Ich zeige mich ungeschützt und signalisiere, daß ich keine Angst vor meiner Umgebung habe. Der Brustkorb öffnet sich. Er schiebt sich dabei nicht nach vorn, sondern zeigt sich dem Partner offen. Die Lungen können frei atmen, und ich kann mich zu voller Breite entfalten.

Ist das Einnehmen der vollen Breite auch ein Zeichen von Angstfreiheit?
Ja, und ein Zeichen des Wohlbefindens, das auf den anderen ausstrahlt. Es sei denn, einer breitet sich auf Kosten des anderen aus. Babys, die etwas Süßes bekommen, lächeln gewöhnlich, und schon beim Lächeln weitet sich das Gesicht. Auch die Arme werden ausgebreitet. Schmecken sie etwas Saures, zieht sich die Gesichtsmuskulatur zusammen: das erste Signal für eine Fluchtbewegung.

Zu den Grundreaktionen des Körpers gehören neben den offenen Bewegungen natürlich auch die geschlossenen. Wie sehen die aus?
Zuerst zieht sich die Haut zusammen. Strafft sich die Haut, tut es auch die Muskulatur, und das heißt, daß sich meine Bewegungsfähigkeit reduziert. Der Bauch wird eingezogen, als versuchte ich mit dem Rücken den weichen Bauch zu schützen, als könne mein Rücken sich ausdehnen wie der einer Schildkröte. Die Brust zieht sich zurück, die Arme schützen die Körpermitte, der Kopf wird eingezogen und die Knie an den Körper gezogen.

Das klingt nach archaischem Verhalten. Gibt es dafür Beispiele?
Wir brauchen nur ein Tier zu beobachten, zum Beispiel einen Affen, der sich Futter holt. Er nimmt das Futter an die Brust und macht den Körper rund, weil der Rücken am besten dagegen schützt, daß ihm die Beute genommen wird.

DER REZEPTIVE MUND hat in der Werbung einen hohen Stellenwert. Es kommt dabei auf das Genußversprechen an, das er suggeriert. Was nicht weniger bedeutet, als daß der Betrachter sich den gleichen Genuß von dem beworbenen Produkt versprechen soll.

Auch Menschen beugen sich oft tief über ihr Essen und lassen die Blicke immer wieder nach rechts und links schweifen.

Wodurch werden geschlossene Bewegungen hervorgerufen?
Angst, Müdigkeit und Depression bewirken, daß wir uns in uns selbst verkriechen und eine embrionale Schutzhaltung aufbauen. Zu der geschlossenen

DER KÖRPER SPRICHT

Form gehören eben auch die zum Körper hin gewendeten Handflächen oder die angewinkelten Arme, als könnten diese die weichen Körperteile schützen. Das Schutz- und Abwehrverhalten des Körpers zieht uns nach unten, zur Erde.

Welche Grundformen der geschlossenen und offenen Bewegungen gibt es?

Ich gehe von fünf Grundeinstellungen aus: Attacke, Flucht, Verstecken, Hilfe suchen und Unterwerfung. Da ist zuerst einmal die Attacke. Jede Bewegung ist nach vorn gerichtet. Die Brust wölbt sich deutlich hervor, der Blick ist unmittelbar auf das Ziel (eventuell den Partner) gerichtet. Alle Bewegungen sind dem Vorsatz untergeordnet, mein Ziel zu erreichen. Ob ich einer Beute nachrenne, einem Job, einem Gedanken, einem Ideal – es ist stets derselbe Vorwärtsdrang, der mich beherrscht.

Läßt sich hier von einer offenen Bewegung sprechen?

Alle diese zielstrebigen Bewegungen verlangen eine relative Öffnung des Körpers. Niemand wird mit eingezogenem Brustkorb ein Ziel verfolgen. Alle Bewegungen sind unzweideutig, klar. Hinzu kommt ein fester Bodenkontakt. Ob ich angreife oder meine Position verteidige, ich brauche Kraft dafür. Kraft holen wir uns immer durch Bodenkontakt. Er gibt uns die Basis. Zu sehen ist das zum Beispiel bei Karateübungen. Die Kämpfer suchen zuallererst eine breitbeinige Stellung mit den Füßen einzunehmen. Es geht also um den festen Punkt. Schon Galilei sagte: »Gebt mir einen festen Punkt im All, und ich bewege die Erde.«
Ganz anders ist es bei der zweiten Grundreaktion, der Fluchtbewegung. Eine der urtümlichsten Reaktionen des Menschen ist das Wegrennen. Erste Voraussetzung dafür ist die Anspannung der Muskulatur, die im dynamischen Bewegungsprozeß durch Lockerung und Anspannung entsteht.

Was löst Fluchtreaktionen aus?

Jeder unangenehme, irritierende Einfluß, den wir empfinden, löst eine Fluchtreaktion aus. Es braucht nur ein lautes Geräusch zu sein, das uns überfällt. Die Folge kann eine momentane absolute Sperre sein, meistens die Vorbereitung zur Flucht. Jetzt ist ein möglichst geringer Bodenkontakt von Nutzen. Denn je weniger festen Bodenkontakt ich habe, desto schneller kann ich wegrennen.
Dazu brauchen wir nicht immer die Füße. Oft zeigen andere Körperteile die Fluchtbewegung an. Menschen, die in Gedanken fortlaufen, die sich in ihre Träume und Vorstellungen verrennen, weg von der Realität, haben relativ wenig Bodenkontakt. Man hat das Gefühl, sie stünden auf einem Luftkissen oder schwebten. Jeder laute Zuruf wirft sie um, bringt sie außer Fassung.

Was geschieht, wenn die Fluchtreaktion unterdrückt wird?

Oft wird die Fluchtreaktion durch die Erziehung gebremst. Der Körper bewegt sich nicht naturgegeben von der Stelle, sondern bleibt, wo er ist. Es entsteht unweigerlich ein Körperstau. Die Gelenke sperren sich, der Körper verkrampft.
Ganz nahe der Fluchtreaktion ist der Antrieb, sich zu verbergen. Also bezeichne ich den Impuls, sich zu verstecken, als dritte Grundreaktion. Kann ich nicht fortlaufen und nicht attackieren, werde ich mich verstecken. Hier haben wir das Beispiel eindeutig geschlossener Bewegungen. Der Körper schließt sich ganz in sich, Augenkontakt wird vermieden, der Blick irrt umher, als suche er die Versteckmöglichkeit. Wir sehen den anderen nicht an, nach der alten Spielregel: Wenn ich dich nicht sehe, siehst du mich auch nicht!
Kinder haben es leichter. Sie verstecken sich hinter dem Rockzipfel ihrer Mutter, haben auch keine Scheu, unter den Tisch zu krabbeln: die natürliche Art, sich zu verbergen.

EIN STARKER UNTERKIEFER WAR DAS URSPRÜNGLICHE SIGNAL für starke Beißkraft. Der Griff ans Kinn bedeutet in der Abstraktion: Ich brauche ein bißkräftiges Argument! Der seitliche Blick sucht deutlich nach diesem Ziel. Das Bild links zeigt einen pragmatischen Typ. Der Mann hält den Kopf gerade, er weiß, was er will. Die Daumen zeigen den Wunsch nach Dominanz. Der schmale Weg jedoch, den er anzeigt, weist auch auf einen Mangel an Kompromißbereitschaft.

HANDBEWEGUNGEN, DIE VON OBEN NACH UNTEN GEHEN, weisen stets auf Dominanz. Hier will einer laute Töne leiser haben oder eine Forderung herunterdrücken. Das Bild links zeigt eine klare Entscheidungshaltung: Es wird ein glatter Schnitt. Die zusammengepreßten Lippen passen dazu.

Für den Erwachsenen jedoch kann gelten, daß jede Verdrängung eine Art des urtümlichen Versteckens bezeichnet.

Und die vierte Grundreaktion?

Sie ist das Hilfesuchen. Der Mensch als ein soziales Wesen hat früh erkannt, daß die Koordination und Kooperation mit seinen Mitmenschen ihm die eigentliche Kraft verleiht. Er konnte allein ein wirklich großes Tier nicht zur Strecke bringen, er war angewiesen auf Koordination und Kooperation. Hilfesuchen ist eine natürliche Verhaltensweise des Menschen. Und gleichgültig, ob ich einen Gegenstand oder einen Partner zur Hilfe suche, der Blick geht immer seitlich, um festzustellen: Kann mir jemand helfen? Die Handflächen werden nach außen gewendet, was heißen soll: Wer nimmt mich bei der Hand? Wer kann mir helfen?

Gehört zum Hilfesuchen notgedrungen die offene Bewegung?

Wie soll ich etwas empfangen, wenn ich mich nicht öffne? Leider bleibt der Körper häufig aus Angst verschlossen, nur die Augen suchen durch seitlichen Blick den Retter.

Gehört es zu den Grundreaktionen des Menschen, sich zu unterwerfen?

Sind alle anderen Möglichkeiten erschöpft oder gar nicht anwendbar, bleibt nur die Unterwerfung. Sie gibt mir die Möglichkeit, bescheiden unter der Macht der anderen zu leben. Wer sich unterwirft, geht gebeugt. Der gebeugte Körper drückt zuallererst einmal aus, daß die volle Kraft der Lunge nicht in Anspruch genommen wird. Die Brust fällt in sich zusammen, die Arme hängen am Körper herab. Ich werde sie nie als Waffe benutzen! Der Blick konfrontiert das Gegenüber nicht, hebt sich kaum. Die Muskulatur ist angespannt, denn wer sich unterwirft, will auch nicht wegrennen.

Das klingt alles sehr negativ. Läßt sich auch von positiver Unterwerfung sprechen?

Als positive Unterwerfung läßt sich das Einhalten von Spielregeln bezeichnen, die wir in unserer Gesellschaft vorfinden oder uns, im besseren Fall, selbst gegeben haben.

Wir unterwerfen uns freiwillig einer bestehenden Ordnung. Allgemeine Regeln objektivieren die Gewalt, der wir uns beugen. Wir empfinden nicht als Befehl, was ein anderer uns aufträgt. Innerhalb dieser Spielregeln kann jedes Mitglied einer Gesellschaft wieder seinem Wunsch nach persönlicher Wirkung nachgehen.

Warum wollen wir überhaupt wirken?

Für mich heißt Wirken zugleich Veränderungen hervorrufen, und Veränderungen sind Bewegung. Wir spüren Wirkung, weil sich etwas verändert, und wir verändern etwas, weil wir wirken. Ich gehe sogar noch einen Schritt weiter und sage: Indem ich wirke, beweise ich mir, daß ich lebe. Leben besteht aus Wirkung und Gegenwirkung. Mir beweist am eindeutigsten die Reaktion des anderen, die Veränderung, die ich bei ihm hervorrufe, daß ich lebe. Wenn ich etwas sage und niemand reagiert darauf, ist es so, als wäre ich nicht existent.

Es gehört auf jeden Fall zu den wesentlichen Grundlagen unseres Daseins, daß wir davon abhängig sind, von anderen wahrgenommen zu werden: Indem sie auf uns reagieren, sich verändern, aufgrund unserer Wirkung, und zwar durch Bewegung. Innere Bewegungen, Gefühlsveränderungen wirken bis an die Oberfläche der Körpererscheinungen.

Daraus resultiert: Alles existiert, was auf mich wirkt, und ich existiere durch alles, worauf ich wirke.

Was bedeutet Veränderung, bezogen auf die Abläufe in unserem eigenen Körper?

Meine Gedanken kann ich nur wahrnehmen, weil sie Veränderungen hervorrufen. Ich weiß sonst nicht,

DER KÖRPER SPRICHT

daß ich denke, genauso wie ich nur deshalb weiß, daß ich hungrig bin oder traurig, weil sich etwas verändert hat.

Ich sehe etwas, das mir gefällt, und augenblicklich verändert sich etwas. Mein Blick wird konzentrierter oder meine Augenbrauen heben sich: »Darüber möchte ich mehr wissen!« Mein Körper tendiert wie von selbst in Richtung der Ursache meiner Aufmerksamkeit.

Alles, was ich denke, meine Wünsche, meine Gefühle sind ein Teil meiner Wirklichkeit, weil sie auf mich wirken. Im Deutschen gibt es das schöne Wort Wirklichkeit. Wirklichkeit ist für mich alles, was auf mich wirkt. Das heißt, der Teufel ist für den Gläubigen ein Teil seiner Wirklichkeit, weil er Schweißausbrüche hervorruft, wenn er an ihn denkt.

Es ist zynisch zu glauben, daß nur alles Beweisbare zur Wirklichkeit gehört. Ich plädiere für mehr Respekt gegenüber der geistigen Welt, die in dem Augenblick, in dem sie auf mich wirkt, physische Gestalt annimmt.

Weist Körpersprache auf eine engere Beziehung zwischen Geist und Körper hin als allgemein vorausgesetzt?

Ich will zunächst einmal sagen: Ich bin mein Körper. Und noch einmal: Nur anhand von Wirkung ist es mir möglich, festzustellen, daß ich existiere. Wirkungen aber gehen grundsätzlich über die Motorik des Menschen, das heißt über seine Physis, hinaus. Zwischen Körper und Geist läßt sich in Wahrheit nicht trennen. Alles andere ist Theorie. Gedanken und Gefühle sind wie ein Fluß, sie brauchen ein Gefäß, um Form zu gewinnen. Das Glas verändert nicht die Substanz von Wasser, es gibt ihm eine momentane Form. Alle Empfindungen, Bedürfnisse und Gedanken suchen ihre Erfüllung über die Motorik. Körpersprache drückt sowohl das geistige

DER GRIFF AN DIE NASE (links) deutet auf kritische Betrachtung. (Bevor ein Tier frißt, riecht es an seinem Futter.) Die junge Frau hält sich zugleich den Mund zu. Bevor sie etwas sagt, will sie prüfen. Der Mittelfinger (Selbstgestaltungsfinger) auf dem rechten Bild weist darauf hin, daß es ihr darauf ankommt, etwas besonders Wichtiges oder Originelles zu sagen.

Wunschbild aus, das ich in mir trage, als auch meine physischen Bedürfnisse.

Gibt es eine Beziehung zwischen Körpersprache und verbaler Sprache?

Eine untrennbare Beziehung! Wie ich schon sagte, muß jeder Gedanke auf mich wirken, weil er sonst nicht existent wäre. Jedes Wort, das ich sage, wird auf mich und auf andere eine Wirkung haben, und zwar eine körperliche. Die verbale Sprache unterliegt also den gleichen Gesetzen wie die Körpersprache. Ihre Quelle liegt in unserem Körper. Das Gehirn produziert sie. Jedes Wort, das ich denke, muß in meinem Körper übersetzt werden, über hormonelle Ausschüttungen, über das Kreislaufsystem oder über Drüsenfunktionen bis hin zur Großmotorik. Denkt jemand an eine unangenehme Erfahrung oder Erwartung, schon verzieht sich sein Mund, als hätte er in eine Zitrone gebissen. Wir erröten bei einem hoffnungsvollen Gedanken oder bei einem verlockenden.

Verändern negative Gedanken die Körperhaltung?

Jeder Gedanke bedeutet einen Auftrag an unser Gehirn, und der Körper organisiert die Ausführung. Wer sich selbst für einen Versager hält, gibt seinem Körper den Auftrag, diesen Gedanken zu übersetzen. Wer sich vornimmt, in einer Verhandlung hart zu bleiben, bereitet seinen Körper auf Kampf vor: Seine Körperhaltung wird ihn verraten, sobald er den Verhandlungsraum betritt.

Kann ich den Blick für den körpersprachlichen Ausdruck trainieren?

Der Widerspruch im körperlichen Ausdruck gibt den Ausschlag. Jemand wittert eine Gefahr, ohne sie sich bewußt zu machen. Sein Körper zieht sich zurück, während sein Gesicht noch lächelt und er verbal seine Zufriedenheit bekundet. Bewußt folgt er der anerzo-

genen Gestik, aber sein innerer Impuls, sich zurückzuziehen, drückt sich körpersprachlich aus.

Ein anderes Beispiel: Bei einem angenehmen Impuls vergrößert sich die Pupille, ohne das irgend etwas dazu oder dagegen zu tun ist. Das Gegenüber kann also feststellen, ob dem anderen ein Objekt gefällt oder nicht, obwohl der noch gar nichts darüber gesagt hat. Das läßt sich leicht erkennen: Neigt sich mir ein Gesprächspartner bei einem Gedanken leicht zu, weiß ich, daß er damit unbewußt Einverständnis signalisiert. Vielleicht sucht er für sich selbst noch Argumente, ist aber längst überzeugt. Ich sehe es an seiner gelösten Nackenhaltung, das heißt, der Kopf und damit sein Geist befindet sich nicht mehr in einer Habacht-Position, in der die Spannung der Muskulatur den Nacken steifhält. Der lockere Nacken ist das Zeichen für die Öffnung des Denkens.

Wenn es einen Widerspruch zwischen verbaler Rede und Körpersprache gibt, hat dann der Körper immer recht?

Die Körpersprache hat immer recht. Der Körper reagiert zunächst auf unsere Empfindungen und Gefühle und erst danach auf die mental-digitalen Wünsche. Die Ordnung, also das Bewußtsein davon, wie es eigentlich sein sollte, hängt mit dem jeweiligen Kultur- und Sozialisationssystem zusammen. Körpersprache entspricht stets dem inneren Geschehen. Widersprüche entstehen aus dem Gegensatz von innerem Geschehen und dem Anspruch der konditionierten beziehungsweise logischen digitalen Ordnung, der es mir verbietet, dem inneren Impuls zu folgen. Kann ich mich nicht zwischen dem einen oder dem anderen entscheiden, kommen die Widersprüche zum Ausdruck: körpersprachlich.

Wie sehen solche Widersprüche konkret aus?

Ich will es, aber ich weiß, es macht mich dick: die Torte. Im Prinzip habe ich vielleicht gar nichts dagegen, zuzunehmen. Die gesellschaftliche Ordnung jedoch sieht das als negatives Zeichen. Also wird mein Körper »ja« sagen wollen, aber das Bewußtsein sagt »nein«. So werde ich mit glänzenden Augen die Torte anschauen, während mein Mund »nein danke« sagt. Und eine Mutter wird oft zwischen ihrem liebenden Impuls und der sozialen Vernunft hin- und hergerissen sein, also zwischen Ja und Nein.

Wird beides körpersprachlich ausgedrückt?

Körpersprache drückt immer beides aus. Der Körper erhält zwei Signale gleichzeitig. Jemand schreibt eine Arbeit, füllt Formulare aus. Draußen ist schönes Wetter. Was sehe ich? Unter dem Schreibtisch fesselt er seine Beine, indem er sie übereinander legt oder um die Stuhlbeine schlingt. Warum tut er das? Weil er lieber nach draußen gehen möchte, als drinnen am Schreibtisch zu sitzen. Auf der anderen Seite jedoch muß er seine Arbeit zu Ende bringen. Ergebnis: Für den Wunsch spazierenzugehen ist die Fesselung der Beine ungünstig, für die Arbeit ist sie gut.

Widerspruchsbewegungen deuten also nicht nur auf Verstellung, sie können auch auf einem Interessenkonflikt in uns selber beruhen.

Widersprüche dieser Art lassen sich auflösen, wenn wir den Mut haben, uns für den einen oder den anderen Impuls zu entscheiden. Entschließe ich mich für die Arbeit, dann kann ich bequem in meinem Zimmer sitzen und lasse das schöne Wetter schönes Wetter sein. Oder ich erfinde eine Prioritätsordnung. Ich gehe eine halbe Stunde spazieren und sitze danach um so konzentrierter an meiner Arbeit. Oder umgekehrt.

Kann Körpersprache auch lügen?

Da sich unsere Empfindungen und Wünsche stets unmittelbar physisch äußern, kann Körpersprache nicht lügen. Andererseits haben alle Imponiersignale und Bewerbungssignale immer einen Hauch von Lüge, freundlicher gesagt, einen Hauch von Über-

treibung. Ich zeige mich nicht ganz so, wie ich wirklich bin, ich stelle mich größer, schöner, positiver. Eigentlich zeige ich mich so, wie ich sein oder wie ich wirken möchte.

Wir haben es dabei mit einer Definitionsfrage zu tun. Muß dieses Verhalten nach den ethisch-sozialen Spielregeln unserer Kultur als Lüge gelten?

In Teilbereichen nehmen wir es nicht so genau. Ist Make-up eine Lüge? Ist männliches Imponiergehabe Lüge? Wenn jemand dem Höflichkeitsritual unserer Gesellschaft folgt, lügt er dann? Ich glaube es nicht. Jemand begrüßt einen anderen freundlich, haßt ihn aber zutiefst. Lügt er oder schickt er ihm lediglich das Signal: Solange wir auf dieser gesellschaftlichen Ebene zusammentreffen, halten wir uns an deren Spielregeln.

Erkennt der andere den Unterschied zwischen einem höflichen und einem herzlichen Lächeln?

Wenn er sich Gedanken über Körpersprache gemacht hat, wird er das Lächeln nicht falsch verstehen. Er wird sehen, daß es ein gefrorenes Lächeln ist, ausreichend für soziale Übereinkunft, aber nicht für mehr. Insofern lügt auch das Lächeln nicht.

Kann ich sehen, daß der andere nicht meint, was er sagt?

Wir sehen es am Widerspruch zwischen den Worten und dem körpersprachlichen Ausdruck. Wenn ein Gesprächspartner Positives formuliert, eine Zusage gibt oder Versprechungen macht, sein Körper aber keinerlei Neigung oder im wörtlichen Sinn Zuneigung zeigt, werde ich an seinen Worten zweifeln. Ich brauche mich ja nur zu fragen: Wie will er das alles machen, wenn er sich überhaupt nicht bewegt, wenn der Gedanke auch nicht den geringsten Impuls bei ihm auslöst? Zehn Prozent der Energie müßten sich mindestens schon jetzt mobilisieren – als eine Art Vorauszahlung.

Fragt jemand mit schlaff hängenden Armen, ob er Kaffee machen soll, wird niemand auf den Gedanken kommen, daß er den Kaffee wirklich gern anbietet, denn dazu müßte er seine Hände bewegen. Kommt uns ein anderer mit aktiven Bewegungen entgegen, sehen wir, daß er bereit ist, Bewegung in Handeln umzusetzen. Zusammenfassend heißt das: Bewegungslosigkeit deutet darauf hin, daß einer nicht meint, was er sagt.

Genauso sieht es aus, wenn einer eine ihm unangenehme Frage überspielen oder ein Gefühl verbergen will. Die Angst, entdeckt zu werden, läßt jede Konfrontation vermeiden. Wir weichen in dieser Situation schon dem Blickkontakt aus. Eine Tendenz zur Fluchtbewegung wächst, sie wird jedoch von der Furcht, sich zu verraten, blockiert.

Wie steht es mit der Wirkung der eigenen Körpersprache auf uns selbst?

Es ist wichtig zu wissen, daß ich durch Veränderungen meiner Körperhaltung nicht nur die anderen manipuliere. Denn in erster Linie werde ich meinen Körper in eine Stellung bringen, die mich selbst manipuliert beziehungsweise motiviert. Wenn wir später über unsere Körperteile sprechen, wird sich zeigen, daß jeder Körperteil auch eine ganz bestimmte Funktion in diesem Sinne ausüben kann. Der Körper ist so organisiert, daß jede Veränderung eine nach innen gerichtete Aussage ergibt. Auch dieser innere Dialog ist eine Sprache. Indem ich meine Körperhaltung wechsle, ändere ich meine Stellungnahme.

Geschieht das unbewußt?

Sowohl bewußt wie unbewußt. Es geschieht mir, und ich lasse es geschehen. Das System bleibt dasselbe. Wenn ich meinen Brustkorb ausdehne, erhält mein Körper mehr Sauerstoff. Es handelt sich um Körperfunktionen. Der Organismus funktioniert ununterbrochen, ob ich etwas dazu tue oder nicht. Dennoch hat das bewußte Denken natürlich einen Einfluß. Sprache übermittelt Denken, und, was hier wichtiger ist: Jedes Wort wird in unserem Körper übersetzt, Sprache in Körpersprache transformiert.

Ist das Körpervokabular aber nicht viel kleiner als das abstrakte Vokabular der verbalen Sprache?

Wir können es in das Bild einer auf den Kopf gestellten Pyramide fassen. Nach oben, in den Regionen des menschlichen Geistes und seiner Möglichkeiten, wird sie unendlich breit. Übersetzt aber muß auf der körpersprachlichen, punktuellen Basis dieser verkehrten Pyramide werden.

Eine Bewegung kann viele Interpretationen ermöglichen. Eine offene Hand kann vieles sagen. Was sie wirklich ausdrückt, hängt von der Kombination mehrerer Bewegungen in einer bestimmten Situation ab. Eine Frau mit einem Messer in der Hand wirkt in der Küche ganz anders als im Schlafzimmer. Die Hand, die den Kopf eines Mädchens streichelt, wirkt anders, wenn sie dem Vater als wenn sie dem Chef oder dem Ehemann gehört.

Körpersprache kann nur im Zusammenhang gedeutet werden, obwohl eine offene Hand stets eine offene Hand bleibt. Sie kann geben und nehmen; eine nach unten gerichtete Hand kann nur greifen, eine lasche Hand kann nichts nehmen. Soweit sind einzelne Stellungen eindeutig.

Übersetzt verbale Sprache nicht auch in vielen Fällen Körpersprache?

Verbale Sprache beschreibt Körpersprache. Wir sprechen von Standpunkten, und wir meinen den geistigen wie den physischen.

Wir sagen: »Ich vertrete einen Standpunkt«, müssen also auf der Stelle treten. Bewege ich mich statt dessen fort, kann ich sagen, was ich will, aber ich vertrete keinen Standpunkt. Wenn ich mit beiden Füßen Bodenkontakt halte, verteidige ich auch meinen Standpunkt.

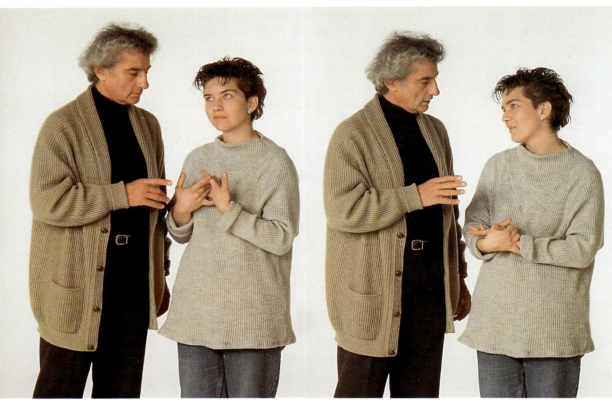

VATER MIT TOCHTER ODER CHEF UND MITARBEITERIN: Mittelfinger und Zeigefinger des Mannes (links oben) sind betont. Er will sich profilieren, kommt der jungen Frau relativ nah. Das Resultat: sie schottet sich ab. Der Versuch (rechts oben), auf sie einzureden, sie mit offenen Händen zu attackieren, provoziert sie, sie zeigt ihm die kalte Schulter. Mit der einen Hand schützt sie ihren Nacken, mit der anderen ihren Körper. Gegen seinen Zeigefinger (links unten) findet sie noch kein Mittel, daher die »Stachelschwein«-Position ihrer Finger, die auf sie selbst weisen. Seine Argumente (rechts unten) scheinen sie zu öffnen (Halsseite), aber sie hält ihre Dominanz (Daumen) deutlich mit der Hand zurück.

DER ZEIGEFINGER DRÜCKT EIN AUSGEPRÄGTES DOMINANZVERHALTEN AUS. Der Mann scheint die junge Frau zwingen zu wollen, seine Argumente zu akzeptieren. Sie schaut zu ihm auf, nicht mit gehobenem Kinn, was ihn provozieren würde. Ihr ausgestreckter Zeigefinger aber sagt: Soviel wie du kann ich auch. Du weißt nicht alles besser. Das Bild auf der nächsten Seite zeigt ein Lächeln. Ein Lächeln ist stets eine Welle. Jedes Gefühl kommt in Wellenform, das heißt, es ist ein dynamischer, fließender Prozeß. Man kann ein Gefühl nicht festhalten. Ein Lächeln beginnt in den Augen, läuft über den Mund, und alle Linien des Gesichts gehen nach oben.

DER KÖRPER SPRICHT

Sagt jemand: »Kommst du mit?«, kann er es intellektuell oder physisch meinen. Die Voraussetzung »mitzukommen« ist in beiden Fällen die Bereitschaft, Standpunkte zu verlassen. Wer nicht bereit ist, Standpunkte zu verlassen, um andere Gedanken aufzunehmen, die ihm helfen, neue Blickwinkel zu erobern, führt einen Monolog mit sich selbst und ist weit entfernt von einem weiterführenden Dialog.
Wir sagen: Es hat mich berührt, ich bin bewegt, ich bin betroffen. Wir sprechen von Beweggründen, und das heißt, daß ein Grund, eine Ursache, die mich berührt, mich auch in Bewegung setzt. Hören wir nicht oft: »Hier läuft gar nichts«? Alle diese Redensarten sprechen von Bewegung und damit von Veränderung.
Wir handeln mit den Händen. Das Wort »Begriff« verlangt nach der Greifbarkeit des Abstrakten. Darin drückt sich unmißverständlich die Verbindung des Geistigen mit dem Physischen aus. Was beeindruckt uns? Der Eindruck, der den Ausdruck hervorbringt, beruht auf Prägungen. Alles, was ich erlebbar mache, beeinflußt mich, verändert mich. Ich schlucke etwas hinunter, ich weiche aus. Auf Schritt und Tritt verfolgt uns die verbale Übersetzung von Körpersprache.

Kann verbale Sprache Körpersprache ersetzen?

Sie kann Körpersprache nicht ersetzen, weil der Körper das Phänomen von Gleichzeitigkeit besitzt; eine komplexe Mischung von verborgenen Wünschen, Gefühlen, Empfindungen, Widersprüchen sucht sich in ihm gleichzeitig Ausdruck.
Wenn unser Auge etwas wahrnimmt, nimmt es ganzheitlich auf, wie es die rechte Gehirnhemisphäre zu verarbeiten vermag. Im Gegensatz zur linken, deren Funktion die Analyse von Details, die Reduktion auf eine Dimension ist. Die rechte Gehirnhemisphäre ermöglicht es uns, eine Situation in-

EIN EINGEFRORENES LÄCHELN (links) soll angehalten werden. Jemand möchte positiv wirken, aber das Lächeln kommt nicht aus einem inneren Bedürfnis. Es ist keine Welle, sondern steht fest wie eine Maske. So sieht ein professionelles Lächeln aus. Der innere Impuls eines Lächelns (rechts) unterscheidet sich sichtlich davon. Die Augen, die ganze Gesichtsmuskulatur spielen mit.

27

tuitiv zu durchschauen. Die Analyse folgt danach. Linkshemisphärisch verliefe der Weg zum Verständnis umgekehrt: Die schrittweise Analyse führt zur Klärung der Situation.

Bei verschiedenen Menschen fällt die Nutzung der beiden Gehirnhemisphären unterschiedlich aus. In der Regel neigen Frauen eher zu ganzheitlichen Wahrnehmungen als Männer. Das weibliche und das männliche Element besitzen aber alle Menschen. Wichtig zu wissen ist, daß unser Gefühl immer ganzheitlich empfindet. Es gibt kein halbes Gefühl, sondern nur Gefühle unterschiedlicher Intensität. Körpersprache reagiert auf Gefühle, verbale Sprache selbstverständlich auf Analyse und Detail.

Ist der Mensch in der Lage, eine Situation links- oder rechtshemisphärisch aufzunehmen?

Das kann er nicht, weil die Entscheidung bereits linkshemisphärisch getroffen wäre. Er kann aber seine Bereitschaft zu ganzheitlicher Aufnahme stimulieren. Ich kann meine Stellungnahme zu den Erscheinungen des Lebens in meinem Körper verändern. Sehe ich Gefühle und alles, was ich nicht erklären kann, als negativ, dann nehme ich dem allen die Chance zu wachsen. Und was nicht wächst, kann mir auch keine Früchte bringen. Öffne ich mich aber dem, was mir mein Gefühl sagt, werde ich feststellen, daß es mich nicht täuscht, auch wenn ich es mir nicht vollständig erklären kann.

Versuche ich jedes Gefühl zu unterdrücken und nur dem zu gehorchen, das ich erklären kann, bleibe ich ein halber Mensch.

Wie wichtig ist es, Gefühle wahrzunehmen?

Die Antwort liegt bereits in dem Grundsatz: Das Gefühl bin ich. Im Austausch zwischen Menschen erfährt dieser Satz ständig seine Bestätigung. Was nützen alle Argumente, wenn ich den Menschen, den ich überzeugen will, nicht wahrnehme? Ob es mit meinen sachlichen Informationen über den anderen übereinstimmt oder nicht, ich treffe mit jedem Menschen, dem ich begegne, auf eine Wirklichkeit aus Gefühlen: Zufriedenheit oder Enttäuschung, Zuversicht oder Angst, Verärgerung oder gute Laune.

Sollen wir das Gefühl des anderen akzeptieren, auch wenn es uns ungerechtfertigt erscheint?

Der produktive Dialog beginnt mit der Wahrnehmung der Gefühlswirklichkeit des anderen. Diese Wirklichkeit haben wir als eine Tatsache hinzunehmen, gleichgültig, ob wir sie für gerechtfertigt halten oder nicht. Das heißt aber nicht, daß wir auch die Argumente des anderen akzeptieren müssen.

Warum stolpern wir häufig über unsere Gefühle?

Unsere eigenen Gefühle sind eine Tatsache. Wenn wir dennoch Probleme damit haben, kommt es daher, daß wir Erwartungen an sie knüpfen, die andere betreffen, wenn wir also unsere Gefühle auf unsere Partner projizieren. Ein anderer verbindet zum Beispiel Gefühle mit einem so offenen Begriff wie Freundschaft. Er wird mich enttäuschen, wenn ich von ihm erwarte, daß sein Gefühl und seine Erwartung mit meinen Gefühlen und Erwartungen identisch sind. So wichtig es ist, Gefühle als Ausdruck einer Persönlichkeit wahrzunehmen und sie als Tatsachen zu akzeptieren, so gefährlich ist es, Erwartungen an sie zu knüpfen.

Was ist notwendig, um körpersprachliche Aussagen, die dem menschlichen Empfinden entsprechen, richtig zu verstehen?

Jede körpersprachliche Aussage ist von einem bestimmten Rhythmus begleitet, von einer Bedeutung gebenden Intensität. Eine offene Hand kann mich streicheln oder mir eine Ohrfeige geben. Eine schnelle Bewegung kann Hilfe bringen oder Gefahr bedeuten.

Verändern Rhythmus und Tempo die Aussage einer Bewegung?

Erhöhte Intensität und schnellerer Ablauf deuten für jeden von uns auf Gefahr; denn die Wirkung der Bewegung potenziert sich.

Eine plötzliche, eine schnelle, eine intensive Bewegung kann eine völlig andere Aussage haben als dieselbe in ruhiger Form. Ein Mensch wendet sich dem anderen zu, was wir als Zuneigung auslegen. Geschieht diese Zuwendung heftig, plötzlich, unerwartet schnell, wird sie der andere als Aggression empfinden.

Ist Körpersprache stets eindeutig, auch wenn sie einen Konflikt offenlegt?

Bewegungen lassen sich nur aus dem Zusammenhang interpretieren. Wir können zum Beispiel nicht sagen, daß ein Lächeln immer positiv zu werten ist. Zwar scheint das Lächeln an sich ohne weiteres positiv zu sein. In seiner Wirkung muß es das nicht sein. Wenn zwei Männer mit einer Frau flirten und sie dem einen zulächelt, erteilt dasselbe Lächeln dem anderen eine Absage.

Eine körpersprachliche Aussage kann für den Empfänger mehrere Bedeutungen haben. Bewegungen sind stets eingebettet in eine Situation, sie stehen nicht allein, werden unterstützt oder abgeschwächt oder zusätzlich interpretiert durch andere Körperbewegungen.

Was beeinflußt die Bedeutung von körpersprachlichen Aussagen?

Die gleiche Bewegung, ausgeführt in einem kleinen Raum, erhält eine andere Bedeutung als zum Beispiel auf einer Bühne. Was in einem intimen Raum übertrieben wirkt, kann im großen notwendig sein, um zu wirken.

Wirkung und Bedeutung von Bewegungen hängen von ihrem Umfeld ab. Die Entblößung des Körpers wirkt anders und bedeutet anderes, wenn sie vor dem Arzt, der/dem Geliebten oder vor der vorbeifahrenden Königin von England vollzogen wird. Eine hilfreich verstandene Geste kann negativ wirken, wenn ich sie anwende, nur um meine Überlegenheit zu demonstrieren. Die Interpretation der Körpersprache hängt also unbedingt von der Situation, von der Umgebung, von der Intention ab.

Unter welchen Gesichtspunkten kann das Verständnis von Körpersprache gerade heute besonders wichtig sein?

Gerade in unserer Zeit des Mediums Fernsehen steigt die Bedeutung der Körpersprache. Politiker haben sich früher in großen Versammlungen oder durch den Rundfunk bei der Masse der Bürger profilieren können. Der Saal ließ nur die großen Bewegungen erkennen, der Rundfunk lediglich die Stimme. Heute sehen wir durch das Fernsehen jede Regung im Gesicht und jede kleinste Geste. Wir sehen Nervosität, Müdigkeit, Ärger, Freude, Hintersinn. Der Fernsehauftritt der amerikanischen Präsidentschaftskandidaten Nixon und Kennedy im Jahr 1960 brachte zum ersten Mal die außerordentliche Wirkung der körpersprachlichen Aussage auf politischem Feld zum Vorschein. Allein der strenge und enge Blick Nixons, verstärkt durch seine zusammengewachsenen Augenbrauen, und als Gegensatz dazu Kennedys junges offenes Gesicht waren bestimmende körpersprachliche Signale. Ich erinnere mich auch noch gut an das Fernsehduell zwischen Reagan und Carter. Reagan kam damals unbefangen, ja ahnungslos dem gegenüber, was ihn erwarten würde, mit großen, ruhigen und offenen Bewegungen vor die Kamera, während sich der erschöpfte Jimmy Carter förmlich an das Rednerpult klammerte, wie ein Ertrinkender an einen Balken im Wasser.

Zweifellos sind wir mit dieser Art optischer Eindrücke mehr und mehr konfrontiert. Wir sollten in ihnen lesen können und bedenken, daß auch jeder von uns nach solchen Eindrücken beurteilt wird.

Angeborene Körpersignale

Welche körpersprachlichen Signale sind dem Menschen angeboren?

Bestimmte kommunikative Formen sind allen Kreaturen auf der Erde angeboren. Es handelt sich dabei um biologisch begründete Signale von Werbung, von Imponiergehabe und Territorialverhalten. Sie sind natürlich auch uns Menschen angeboren, und gleichgültig, wie weit wir uns durch Zivilisation von unseren Ursprüngen entfernen, sie bleiben uns erhalten. Der Körper reagiert, ob wir wollen oder nicht.

Wie äußert sich Imponiergehabe körpersprachlich?

Es fußt auf dem Bedürfnis, Überlegenheit zu demonstrieren: Ich bin größer, ich bin stärker, ich bin schneller. Das ist heute auch noch so. Jemand streckt seinen Körper, macht sich damit größer. Jemand hebt die Stimme, um Energie vorzuführen. Wir erleben, daß einer das Kinn vorstreckt, um seinen starken Willen zu zeigen. Früher tat es ein kräftiger Bartwuchs, der einen starken Unterkiefer, eine

starke Bißkraft ahnen ließ. Ihm konnte kein anderes Tier die Beute aus den Zähnen reißen.

Zum Imponiergehabe gehört der scharfe Blick. Konfrontation ist eine angeborene Reaktion auf Gefahr. Signal dabei ist nicht der scharfe Blick allein. Denn, wie schon gesagt, die körpersprachliche Aussage bildet sich immer aus einer Kombination von Einzelsignalen. Auch die Konfrontation ist also ein System. Wir stehen aufrecht, der Kopf wird geradegehalten, die Augen schauen geradeaus. Sie ziehen sich leicht zusammen, als wollten sie sagen: Wir brauchen zur Zeit keine allgemeinen Informationen, ganz im Gegenteil, alle Aufmerksamkeit ist auf einen Punkt konzentriert. Damit verstärkt sich das gesamte Energiepotential, wie durch einen Laserstrahl richtet es sich auf diesen einzelnen Punkt. Der Nacken versteift sich, um jede Ablenkung abzuwehren. Der Körper strafft sich.

Lasse ich meinen Gegner auch nur einen Moment aus den Augen, kann es mich mein Leben kosten, heißt die archaische Anschauung hinter diesem heute zivilisatorisch angepaßten System.

DER GRIFF INS FREMDE TERRITORIUM, dazu noch dominant mit dem Zeigefinger, erzeugt eine negative Reaktion. Der Partner zieht seine Hände von der gemeinsamen Basis (dem Tisch) zurück. Der Mund verschließt sich. Die offene Hand (rechts) deutet auf das Blatt. Der andere begreift es als positive interaktive Geste.

EINE POSITIVE MÖGLICHKEIT, ein Angebot zu zeigen. Beide können das Bild gleichzeitig sehen, die Anbieterin weist mit offener Hand auf einiges hin. Wer dagegen dem anderen nur etwas vor die Nase hält (links), schiebt eine Wand zwischen sich und den Partner. Der zeigt sich hier zwar interessiert, aber die Hände sind geschlossen: Er wird nichts tun.

Wie drückt sich Imponierverhalten in der Alltagswelt von heute aus?

Sehe ich bei einem Partner, daß sich sein Nacken versteift, heißt das unfehlbar, sein Körper begibt sich in eine Hab-acht-Position. Er konzentriert seine Energie. Er fühlt sich nicht wohl, er sieht in mir oder in dem, was ich sage, eine potentielle Gefahr. Wir erkennen es an seinem unbeweglichen Nacken und an dem sich eng konzentrierenden Blick. Indem wir diese Veränderung seiner Haltung erkennen, können wir versuchen, ihn durch eine Bewegung unsererseits, durch Erklärung der Zusammenhänge, durch ein neues Angebot aus seiner Verspannung zu lösen. Jeder von uns benutzt, bewußt oder unbewußt, körpersprachliche Signale wie dieses. Wir sitzen zum Beispiel in einem Café, und es kommt jemand auf uns zu. Wenn wir allein bleiben möchten, werden wir ihn entweder nach dem Motto ignorieren, wen ich nicht wahrnehme, der nimmt mich auch nicht wahr, oder ein kurzer strenger Blick sagt ihm: Komm mir lieber nicht zu nah. Das ist die klassische Drohgebärde.

Wie sehen die typischen Drohsignale aus?

Sie gehören in die Reihe der aggressiven Signale, also zur Grundreaktion einer Attacke, wie im ersten Kapitel beschrieben. Der Kopf wird auf einem gespannten Nacken geradegehalten, die Augen ziehen sich zusammen. Die Unbeweglichkeit des ganzen Körpers gehört zur Sprungbereitschaft. Noch ist nicht zu erkennen, ob der andere wegrennen oder attackieren wird. Drohen läßt beides zu. Auch ein geblähter Brustkorb kann ein Drohsignal sein, denn der Luftstau kann mit dem Schlag gelöst werden und die Schlagkraft sich potenzieren.

Die Faust ist ein typisches Drohsignal. Aus einem feinen Instrument des Gebens und Nehmens wird ein Waffe.

Breitbeiniges Stehen, Aktivierung der Oberarme verstärken das Drohen. Schnelle Bewegungen können als Drohsignale empfunden werden, sind es häufig auch.

Eine taktische Variante sieht so aus: Mein Gegenüber lehnt sich zurück, behält mich jedoch im Auge. Er signalisiert mir, daß im Augenblick keine Gefahr besteht. Seine Füße stehen fest auf dem Boden. Wegrennen will er also nicht, denn Bodenkontakt brauchen wir zur Verteidigung und zur Attacke. Lasse ich mich nun verführen, mich zu entspannen, wird er mich unter Umständen angreifen. Sein Zurücklehnen bedeutet nur scheinbar Entspannung und Entwarnung.

Wer die Ellbogen hebt und nach vorn schiebt, wirkt bedrohlich. Der Ellbogen ist von Natur aus eine harte und wirksame Waffe. Wir sprechen nicht umsonst davon, daß jemand seine Karriere mit den Ellbogen gemacht hat.

Ähneln sich Imponier- und Drohgebärden nicht sehr?

In der Tat gleichen sie sich. Imponiersignale weisen nur nicht die gleiche hohe Intensität auf wie Drohgebärden. Außerdem kommt es wieder auf die Signalkombination an. Wer nur imponieren will und nicht drohen, reckt sich vielleicht zu voller Größe auf, bläht den Brustkorb, fuchtelt mit den Händen, wird laut, aber sein Blick verengt sich nicht, bleibt weich, Anerkennung suchend. Der Blick nämlich zeigt die Intensität der Spannung zwischen Augen und Nacken. Der Körper folgt stets den Augen. Denn Sprungbereitschaft braucht die Zielfixierung. Fehlt also in der Signalkombination jener konzentrierte Blick, besteht auch keine Gefahr.

Kann die Imponierhaltung genauso in eine Werbung übergehen wie in eine Drohung?

Die Antwort heißt ja. Um in eine Werbung überzugehen, muß allerdings mehr Beweglichkeit hinzukommen. Wer sich zur Schau stellen will, wird die Bauchmuskeln straffen, den Brustkorb wölben und

ANGEBORENE KÖRPERSIGNALE

aus den Augenwinkeln kokettierend seine Wirkung abschätzen. Seine Aussage heißt: Ich bin groß, stark *und* liebenswürdig. Beweglichkeit verspräche spannendes Geschehen. Zur Drohung fehlt nur noch der sich konzentrierende Blick.

Was tue ich, um einen anderen auf mich aufmerksam zu machen?

Unter den angeborenen Signalen wie Imponiergehabe, Drohgebärden und Werbungsgesten sind die der zuletzt genannten Kategorie die vielseitigsten. Werbungssignale versprechen fast immer Aktivität, auch Erlebnis oder wenigstens Handlungsbereitschaft.

Ein Körper, der in sich zusammensinkt, kann sich nicht bewerben. Was den Menschen in seiner angeborenen Neugier reizt, ist das Erlebnis, denn es bereichert unser Leben. Neugier ist ein Trieb, genauso wie Sexualität oder Hunger. Menschen riskieren ihr Leben, um ihre Neugier zu befriedigen.

Wer uns gewinnen will, muß Erlebnisse versprechen. Und Werbung tut es mit allen verfügbaren Mitteln. Erleben heißt aber, sich bewegen. Was heißt genau gesehen sexuelle Erregung? Der Körper spannt und entspannt sich. Er befindet sich in dauernder Bewegung. Wenn ich um etwas oder um jemanden werbe, werde ich versuchen, mich von der besten Seite zu präsentieren, und das setzt mich in Bewegung. Die Augen ziehen sich nicht zusammen, sie erhalten vielmehr einen neuen Glanz und versprechen auf diese Weise, daß etwas passieren wird. Hier kommt es auf den Aktivität versprechenden Blick an. Ein matter Augenausdruck enthält kein Versprechen. Seitenblicke sprechen von Interesse ohne Konfrontationsgelüste. Wer mit der Hand über sein Haar oder über einen Körperteil streichelt, den er für besonders schön hält, will die Aufmerksamkeit dahin lenken, wo er attraktiv wirkt. Der Körper strafft sich, signalisiert Bereitschaft, als spannten sich die Muskeln zum Sprung.

Kann Werbung nie statisch sein, einfach abwartend?

Nein. Werbung muß zwar noch nicht aussagen, wie sie das ihr innewohnende Versprechen erfüllen wird, aber sie wird immer Attraktivität versprechen. Gespannte und zugleich geschmeidige Bewegungen machen die Signale der Werbung aus. Sie sind allen Menschen, weiblichen wie männlichen Geschlechts, angeboren. Werbungssignale sind also von einer gespannten, aber nicht angespannten Aktivität, nie gehen sie von einer statischen verkrampften oder laschen Körperhaltung aus.

Gehören Imponiergehabe, Werbungsgestik und Territorialbewußtsein zu den angeborenen Verhaltensweisen?

Territorialverhalten oder Revierverhalten läßt sich in der Tierbeobachtung hervorragend erkennen. Mit der Behauptung des Reviers, übrigens vielfach mit Signalen des Imponiergehabes unterstützt, wird der notwendige Lebensraum gesichert.

Aber schon der eigene Körper stellt auch beim Menschen ein Territorium dar, das andere zu respektieren haben, nicht verletzen sollen, ganz abgesehen von unserem inneren Territorium, unseren Gedanken, Träumen, Wünschen. Auch sie geben wir nicht jedem preis.

Das Territorium unserer Psyche ist nicht weniger schutzbedürftig als das unserer Physis. Und jedes Kind wehrt sich instinktiv gegen unerwünschtes Eindringen. Mit jedem Löffelchen Brei, der dem Kind mit Gewalt in den Mund geschoben wird, geschieht eine Territorialverletzung.

Auch Wissensgebiete sind Territorien, und wir betrachten sie als Besitz. Titel sind Grenzmarkierungen, denn jedes Territorium wird auf irgendeine Art markiert: bei Tieren durch zurückgelassene Haare, durch Ausscheidungen, durch das Setzen von Duftmarken, durch Anwesenheit. Beim Menschen ist es nicht viel anders. Jeder zurückgelassene Gegenstand hat den Zeichenwert des Tierhaares. Duftmarken liefert jedes Parfüm, gibt Zigaretten-, Pfeifen- oder Zigarrenduft. Auch die individuelle Art von Ordnung oder Unordnung markiert Territorium. Unser ganz persönliches soziales Territorium entspricht zum Beispiel ungefähr der Distanz von einer Armlänge, es variiert von Kultur zu Kultur.

Wer die Grenze meines Territoriums überschreitet, verursacht eine Störung. Solche Grenzüberschreitungen sind eine alltägliche Sache. Wir alle kennen Menschen, die sich schon beim Guten-Tag-Sagen dichter an uns heranschieben, als es unser angeborenes Territorialverhalten erlaubt. Wir sperren uns, unser Körper verkrampft sich oder setzt die Fluchtbewegung in Gang. Es gibt den dominanten Eindringling, der glaubt, sich alles erlauben zu dürfen, und den Zudringlichen, der Intimität erzeugen will, ohne sich Nähe verdient zu haben. Vertrauten Menschen erlauben wir, uns nahezukommen. Von manchen wünschen wir es sogar.

Gehört es zu den angeborenen Reaktionen unseres Körpers, daß er sich verkrampft?

Zwar verkrampfen wir uns so oft, daß man an eine angeborene Reaktion glauben möchte. Aber die Verkrampfung muß als Folge von Sozialisierung gelten. Ursprünglich reagiert der Mensch auf alles ihm Unangenehme, das ihn trifft, durch Flucht. Aber schon das Kind, das die Nahrungsaufnahme verweigert, kann dem Fluchtimpuls nicht folgen, also sperrt es sich, und das heißt, sein Körper verkrampft sich. Und so geht es weiter. Erziehung, Spielregeln, Verpflichtungen hindern uns zu fliehen. Die Angst, in uns gesetzte Erwartungen nicht erfüllen zu können, macht uns zu verkrampften Erwachsenen. Es entsteht ein Widerspruch zwischen der natürlichen Reaktion und der gesellschaftlichen Ordnung, dessen Ergebnis ein Stau sein muß. Und dieser Stau erzeugt die Verkrampfung: eine nicht vollzogene Fluchtreaktion.

Wie äußert sich Verkrampfung in körpersprachlichen Signalen?

Der Körper versteift sich. Die Bewegungen verlangsamen sich, verlieren ihre Geschmeidigkeit, sie fließen nicht mehr. Der Stau führt entweder zu einer Explosion oder zu einem Stillstand. Wir verkrampfen uns in den meisten Fällen aus Angst, etwas falsch zu machen, da der eigene Impuls in Widerspruch steht zu dem, was von uns erwartet wird. Bewegungen lassen Informationen über den einzelnen zu, und zugleich können wir selbst nur durch Bewegungen zu Informationen kommen. Indem wir uns verkrampfen, meinen wir, nichts von uns preiszugeben, schneiden uns jedoch selbst von dringend benötigten Informationen ab. Einem verkrampften Menschen können wir sagen, was wir wollen, er wird es nicht aufnehmen. Anstatt durch Beweglichkeit eine Lösung zu ermöglichen, versetzt er seinen Körper in einen Stau. Er bewegt sich nicht von der Stelle, wagt nicht, den Raum, den er hat, in Anspruch zu nehmen, die Augen suchen nach Fluchtmöglichkeiten, die aber auch nicht wahrgenommen werden. Er wiederholt seine Sätze, weil sich mit dem Körper auch seine Gedanken verkrampfen.

Es handelt sich um ein System, das sich selber potenziert. Denn wer es nicht wagt, Antworten von außen zu suchen, findet sich in einem ausweglosen Kreis wieder.

Gehört es zu den angeborenen Reaktionen, daß es uns unangenehm ist, wenn uns ein anderer über die Schulter schaut?

Niemand spürt gern jemanden im Nacken. Es ist wie mit der Rückseite des Mondes. Wir sehen sie nicht. Und wir wollen sehen, was wir zu erwarten haben. Zwar empfangen wir auch mit dem Rücken Informationen, aber viel weniger als mit den Augen. Wir ertragen den anderen hinter uns nur dann, wenn wir das Vertrauen haben, daß er ein Beschützer ist. Er gibt uns Rückendeckung. Als Kritiker

AUCH OFFENE ARME sagen Unterschiedliches aus. Die Arme können weit geöffnet sein (links oben), aber die aufgehobenen Hände zeigen eine Abgrenzung, der Körper weicht zurück. Gehen die Arme hinter die Brust zurück (links unten), ergibt sich das Bild des Opfers: Ich handle nicht, mach mit mir, was du willst! Kommen sie nach vorn (rechts), ist darin die aktive Öffnung verwirklicht. Beide Arme sind offen. Der Pfau (rechte Seite) dreht sich nach allen Seiten. Ein Standpunkt ist nicht auszumachen.

wird er schon zum potentiellen Feind. Wir wissen nicht, was er vorhat. Also laufen wir weg. Nehmen wir als einfaches Beispiel die Situation beim Friseur. Er steht hinter uns, und er setzt den Kunden auch deshalb vor einen Spiegel, damit dieser kontrollieren kann, was geschieht. Nur deshalb sitzen wir ruhig und entspannt.

Wir besitzen ein ausgeprägtes Gefühl für oben und unten. Haben wir es hier mit angeborenen Reaktionen zu tun?

Dieses Gefühl geht auf unser Territorialverhalten, den Kampf ums Revier, zurück. Alles, was sich über mir befindet, deutet auf eine Übermacht hin. Wir sprechen von den »höheren Etagen«, und wer oben ist, hat den Überblick. Wenn ich sitze und ein anderer steht vor mir, ist er im Vorteil, seine Bewegungen sind freier. Wer sitzt, kann nicht weglaufen. Die Begrenzung der freien Bewegung begrenzt die Möglichkeit zu handeln.

Kann sich diese Stellung auch ins Gegenteil verwandeln?

Wenn die hierarchische Position geklärt ist, kann die Situation sich umkehren. Eine dominante Persönlichkeit kann den anderen stehen lassen, um zu beweisen, daß seine Stärke es ihm erlaubt, sitzen zu bleiben. Der sogenannte Vorteil verflüchtigt sich. Der Stärkere will sagen: Auch aus dieser Position heraus kann ich dich beherrschen. Es ist eine Demonstration der Macht.

Kann sich das angeborene Verhältnis von Oben und Unten, das sozial korrigiert wird, körpersprachlich ausdrücken?

Wer mit einem anderen partnerschaftlich kommunizieren will, wird versuchen, eine Gleichberechtigung der Positionen herzustellen. Der Erwachsene wird ein Kind zu sich heraufheben, besser noch, sich auf die Höhe des Kindergesichts hinunterbegeben, da-

mit der direkte Augenkontakt gewährleistet ist und das Kind Bodenkontakt behält. Im alten Japan wurde die Schiebetür grundsätzlich in Hockestellung aufgeschoben, und zwar für den Fall, daß im Zimmer jemand sitzend angetroffen würde. Nur hochgestellte Persönlichkeiten oder Samurai öffneten die Türen in aufrechter Haltung.

In Europa stehen wir auf, um einen Besucher von gleich zu gleich begrüßen zu können. Im sozialen Leben werden körperliche Vorteile, die einem hierarchisch nicht zustehen, in verschiedener Weise zu regulieren versucht.

Wie geht ein Mensch von erheblicher Körpergröße mit seinem biologischen Vorteil um?

Bei hochgewachsenen Menschen läßt es sich häufig beobachten, daß sie den Brustkorb einziehen und die Arme am Körper herabhängen lassen. Damit signalisieren sie, die Arme nicht als Waffe zu benutzen. Eine solche Haltung beeinflußt übrigens die ganze Mentalität eines Menschen. Wie immer wirkt die Körperhaltung auf den ganzen Menschen.

Eine andere Möglichkeit der Regulierung solcher Größen und Machtverhältnisse besteht darin, schnell zum Sitzen zu kommen. Solange wir stehen, wirkt eine größere Distanz entspannend, da der Blickwinkel weniger steil ausfällt. Das Verhältnis von Groß und Klein ist gemildert.

Ein kleiner Mensch wird, je näher er dem größeren kommt, geradezu gezwungen, hochnäsig zu wirken. Wagt er es überhaupt, so demonstriert er Stärke: Ich bin zwar nicht so groß wie du, aber schneller oder kräftiger oder beweglicher. Es ist die Situation David gegen Goliath. Sein Blick von unten nach oben kann etwas Provozierendes an sich haben: Du machst mir keine Angst! Auch diese Haltung prägt die Mentalität des einzelnen. Risikobereitschaft gehört oft dazu. Entweder man hört nie wieder etwas von ihnen, weil ihnen dieser Mut den Hals gebrochen hat, oder sie gehören zu den Erfolgreichen.

Was hilft uns, in einer kompliziert gewordenen Welt auf angeborene Bedürfnisse angemessen zu reagieren?

Die Welt ist voller Daten. Um die für uns wichtigsten verarbeiten zu können, müssen wir die Fähigkeit entwickeln, zu selektieren. Das hängt mit einer Zielsetzung zusammen. Selektierte Daten sind Informationen, die uns helfen, unsere Ziele zu erreichen. Wer in einem Gespräch kein Ziel verfolgt, sammelt Daten, mit denen er nichts anfangen kann. Unser Ziel wird von Natur aus durch unsere Bedürfnisse bestimmt. Die Naturbedürfnisse wie Hunger, Durst, Schlaf, sexuelle Befriedigung, Sicherheit stehen an erster Stelle. Die angeborene Neugier des Menschen entwickelt alle abstrakten Bedürfnisse. Aus den vorhandenen Angebots-Informationen werden wir jene aussuchen, die unser spezielles Bedürfnis befriedigen können.

Liegt eine Gefahr darin, unsere Bedürfnisse auf ein Angebot zu projizieren, das sehr viele andere Optionen enthält?

Die Gefahr liegt darin, daß wir die Selektion so weit treiben, daß wir nur noch sehen, was zu unseren Bedürfnissen paßt und andere Möglichkeiten verdrängen. Unser Schulsystem mit seiner Ausrichtung auf die jeweils einzig richtige Antwort unterstützt diesen Verdrängungsmechanismus.

Dem Befriedigen von angeborenen Bedürfnissen steht immer das Wecken von Bedürfnissen gegenüber. Angebote wecken Bedürfnisse, von denen wir vorher gar nichts wußten. Ein großer Teil der Werbung funktioniert nach diesem Prinzip.

Was zwingt uns, zu reagieren?

Alles, was eine potentielle Gefahr für uns bedeutet, können wir nicht ignorieren. Einen Stein, der ruhig am Weg liegt, werden wir nicht unbedingt wahrnehmen, ganz anders wäre es, wenn er geflogen käme. Er bedeutet eine Bedrohung, und auf Drohungen reagieren wir. Schon das Baby zwingt die Mutter durch sein Schreien, seine Bedürfnisse zu stillen. Deshalb sprechen wir auch von »Stillen«. Größere Kinder, deren Signale ignoriert werden, erzwingen Aufmerksamkeit, indem sie sich selbst in Gefahr bringen, am offenen Fenster zum Beispiel, oder wenn sie mit einem kostbaren zerbrechlichen Gegenstand spielen. Erwachsene drohen uns mit Konkurrenz.

Sind Erwachsene in unserer Zeit nicht stumpf geworden gegen körpersprachliche Signale?

Wir sind abgelenkt durch die allgemeine Informationsflut und erfahren tatsächlich, daß wir auf die einfachen Körpersignale nicht achten. Jemand hat ein starkes Bedürfnis, wir nehmen es nicht wahr und haben uns einen Feind gemacht, der es ursprünglich nicht war. Er aber kann es lediglich nicht ertragen, daß er mit seinen Bedürfnissen nicht wahrgenommen wird. Es handelt sich um angeborene Reaktionen, die sich nicht ignorieren lassen und die zugleich die Basis für jede weitere Kommunikation bilden.

Die sozialen Signale

Was sind soziale Signale?

Sozialverhalten beginnt mit dem Leben in der Gruppe. Jeder Mensch wird in vorgegebene soziale Verhältnisse hineingeboren. Die sozialen Signale geben den hierarchischen Status an und weisen dem einzelnen seinen Platz und seine Aufgabe in der Gruppe zu. Ein ganzes Netz von Spielregeln umgibt uns.

Was unterscheidet soziale Signale von angeborenen Signalen?

Die angeborenen Signale geben die Voraussetzungen dafür, meinen Platz in der Gruppe bestimmen zu können. Sie sind ganz auf die Individualität abgestimmt. Das soziale Verhalten ist weniger subjektiv, weil es von den Entscheidungen, den Spielregeln einer Gruppe abhängt. Die sozialen Signale verhalten sich analog zu den angeborenen Signalen. Distanzen, die angeborenes Sicherheitsstreben signalisieren, kehren als soziale Distanzen wieder, zum Beispiel gegenüber Vorgesetzten oder Menschen, die Macht innehaben.

Kommen nun auch die durch die Herkunft bestimmten kulturellen Unterschiede zum Tragen?

Verschiedene Kulturen bringen unterschiedliche soziale Signale hervor. Jede Gruppe entwickelt Signale, die ihrer Identität dienen. Gruppen tendieren dazu, zwei Kreise zu bilden: den Kreis derjenigen, die dazugehören, und den zweiten, der die »Fremden« umfaßt, die a priori als Feinde angesehen werden.

Worin besteht die Anziehungskraft der Gruppe?

Sie besteht zunächst nicht in der Abgrenzung, sondern in dem Schutz, den sie ihren Angehörigen bietet. Der einzelne findet in der Gruppe seine Identität. Das beginnt als äußeres Zeichen mit der Kleidung. Wer diese Signale trägt, wird als zugehörig erkannt und entwickelt ein Zugehörigkeitsgefühl, was nicht nur bei Jägern und Hirten in grauer Vorzeit eine Rolle spielte, sondern sich in den Farben der Städte, der Uniformen von Kriegsparteien und schließlich in der Mode unserer Gegenwart fortentwickelt hat.

EIN MANN, DER SEINE POSITION KENNT, will sie manchmal auch zeigen. Er setzt auf den Unterschied zwischen sich und seinen Mitarbeitern. Der Abstand macht es deutlich. Dennoch zeigt seine Bewegung Offenheit. Beim Gespräch (rechts) neigt er sich vor, aber die Herrschaftsdistanz wird gewahrt.

41

DIE SOZIALEN SIGNALE

AUCH IM DREIERGESPRÄCH sieht man, wer der Chef ist. Er zeigt sich offen. Der männliche Mitarbeiter spricht, die Mitarbeiterin hört zu (oben). Die Geste des Mitarbeiters schneidet die Kollegin vom Gespräch ab (Mitte). Die Hand des Chefs will mildern, mit sanfter Dominanz. Sie zeigt sich auch in der Berührung der Mitarbeiterin (unten), *die es sich gefallen läßt.*

Welche körpersprachlichen Elemente vermitteln Identität?

Zuerst ist es die Körperhaltung, dann aber schon die Sprache, in der sich intellektuelle und körpersprachliche Elemente mischen. Es handelt sich um Bewegungsarten: Rhythmus, Akzent, Modulation, idiomatische Wendungen, die auch weltanschauliche Muster bauen. Dazu kommen Normen für Gefühlsäußerungen, die Art und Intensität des Bewegungsablaufs beeinflussen. Verschiedene soziale Gruppen, zum Beispiel Sportler, Banker, Studenten oder Skinheads, haben unterschiedliche Verhaltens- und Bewegungsmuster.

Verhaltensmuster bestimmen den Bewegungsablauf und damit die Körpersprache. Die Gruppe entwickelt Gebote und Verbote. Die Gruppe bestimmt, welche individuellen Signale erlaubt sind und welche zurückgehalten werden müssen.

Kann sich der einzelne dem sozialen Verhaltenskodex entziehen?

Kaum oder erst in der Entwicklung einer außerordentlichen Persönlichkeit. Denn die Familie als Teil einer Gruppe beginnt deren Spielregeln durchzusetzen. Der junge Mensch wird ihnen unterworfen und ihrer Hierarchie eingefügt. Aus seinen vielfältigen Anlagen wird eine schmale soziale Konditionierung, die Anpassung verspricht.

Gehört Hierarchie zu den naturgegebenen Gesetzen oder ist sie nur sozial bestimmt?

Die natürliche Hierarchie kennt nur Starke und Schwache. Wer sich dem Starken unterwirft, genießt so lange Schutz, wie er diesem die erste Position überläßt. Dieser beansprucht den ersten Platz und die beste Beute. Vielleicht darf der Schwächere in seinem Gebiet jagen, ohne dieses schützen zu müssen. Das wäre sein Vorteil. Nur das Großtier schützt sein Territorium. Es existieren Zwischenstufen: Unter den Schwachen gibt es wiederum Stärkere und

WIE EIN GEIER, DER AUF SEINE BEUTE herabstößt, steht der Chef über seiner Mitarbeiterin. Sein Zeigefinger zeigt deutlich, was sie zu beachten hat. Sie zieht sich zurück. Der Bleistift wirkt wie ein Dolch. Auch der Kollege zieht sich zurück. Die Situation spitzt sich zu (rechts). Die Abwehrreaktion der Frau ist unverkennbar.

EINE BARRIERE, AUCH WENN SIE NUR AUS EINEM BLEISTIFT BESTEHT, hemmt die Kommunikation. Der Mitarbeiter versucht eine Zuneigung, fühlt sich aber abgeschirmt, die blonde Kollegin zeigt Aufmerksamkeit, die zweite Kollegin spielt nicht mit. Sie hält ihre Hände unter dem Tisch. Der Versuch, sich zu öffnen, kann scheitern (links), wenn einer sich durch die Nähe der anderen eingeengt fühlt. Sein Arm ist zu fest an den Körper gepreßt, als daß seine offene Hand frei wirken könnte.

DIE SOZIALEN SIGNALE

Schwächere, aber der Schwache hat es immer wieder mit einem Stärkeren zu tun. Er kann seine Situation nicht grundsätzlich verbessern, weil es ihm biologisch nicht zusteht.

Sobald die sozialen Mechanismen einer Gruppe funktionieren, kann jeder, der seine Nützlichkeit für die Gruppe beweist, in der Hierarchie aufsteigen. Josef im Alten Testament ging seinen Weg vom gekauften Sklaven bis zum Königsberater. Er wurde für das gesamte Korn Ägyptens verantwortlich, und das hat ihm eine Ausstrahlung von Kraft verliehen, die mit der biologischen nichts mehr zu tun hatte.

Jedem Beamten, der eine Bewilligung erteilen oder nicht erteilen kann, wachsen eine Kraft und ein Status zu, die gesellschaftlich relevant sind.

Wie setzt sich Status in körpersprachliche Signale um?

Je lockerer und offener ich mich bewege, je mehr ich meinen Bewegungsspielraum nutze, um so deutlicher demonstriere ich Angstfreiheit. Denn darum geht es. Die Angst, Fehler zu machen, den Spielregeln zu widersprechen, drückt sich in einer verkrampften, unfreien Körperhaltung aus. Sie bezeichnet einen niederen Platz in der Hierarchie. Die raumbeanspruchende ruhige Bewegung ist ein wichtiges Statussignal, ein glaubwürdigeres als der große Wagen oder teure Anzug, obwohl beides in einer Konsumgesellschaft wie der unseren mit Vorzug eingesetzt wird, um anderen zu imponieren.

Hierarchische Stufen sind nicht immer ausschlaggebend für eine größere Freiheit der Bewegungen. Die Angst vor dem Vorgesetzten auf der nächsthöheren Hierarchiestufe, die Angst vor Kritik von oben oder unten, die Angst vor einer allgemeinen anonymen Gruppenerwartung und dem eigenen davon abhängigen Fehlverhalten hält den einzelnen in Spannung und verkrampft seine Bewegungsfreiheit. Nur die angstfreie Bewegung verleiht die Wirkung von Status und Kompetenz.

WER IST DER BOSS, WENN WIR EIN TEAM SIND? Hier versucht einer es mit einem Ersatzfinger, dem erhobenen Schreibgerät (oben). Wer mit dem Zeigefinger auch noch zusticht (Mitte), enthüllt ungewöhnlichen Dominanzanspruch. Das Angebot seines Mitarbeiters nimmt er gar nicht wahr. Gespreizte Finger (unten) zeigen stets Abwehr: Damit will ich nichts zu tun haben!

DIE SOZIALEN SIGNALE

Wie sehen Herrschaftsgebärden aus?

Es sind die Signale von Dominanz. Sie gehen stets von oben nach unten. Wer legt dem anderen die Hand auf die Schulter? Wer stoppt den Vortrag des anderen, indem er seinen Arm berührt? Immer der hierarchisch Mächtigere. Wer würde dasselbe seinem Chef gegenüber tun? Wer fällt dem Gesprächspartner ins Wort?

Herrschaftssignale auf Schritt und Tritt, nicht angeborene, sondern sozial erworbene. Wer über die Zeit verfügt und das Ende eines Gesprächs bestimmt, signalisiert sein hierarchisches Übergewicht. Ein wichtiges Indiz.

Gibt es körpersprachliche Signale, die jemanden auszeichnen, der eine Führungsrolle beanspruchen will?

Um einen Aufstieg in der Hierarchie zu erreichen, sind bestimmte Voraussetzungen gegeben. Wer führen will, muß klar sehen. Er muß die Fähigkeit haben, ein Ziel zu definieren. Er steht mit beiden Beinen auf der Erde, wölbt den Brustkorb nicht nach vorn, denn das ist das Zeichen für den, der

ZUFRIEDENHEIT UND ABWEHR ZUGLEICH steckt hinter dem Zusammenlegen der Hände im Nacken bei angehobenen Ellbogen. Unser Mann hat etwas abgeschlossen und will sich nicht mehr dreinreden lassen.

möchte, der aber zuviel Kraft in den puren Ehrgeiz steckt.

Ehrgeiz und Aggressivität können auch ein Stück nach vorn führen, aber nur ruhige Sicherheit macht die ideale Führungspersönlichkeit aus. Die Bewegungen sind sparsam und eindeutig in ihrer Aussage. Der klare Blick beweist, daß hier jemand vor uns steht, der Ziele definieren kann.

Wie drückt es sich körpersprachlich aus, sich entscheiden zu können?

Wer ein Ziel definieren will, muß sich darüber klar sein, worauf er verzichten kann. Denn jede Entscheidung für etwas ist zugleich ein Verzicht auf etwas anderes.

Viele Menschen wollen gern entscheiden, haben jedoch nicht gelernt zu verzichten. Ihr Körper zeigt widersprüchliche Bewegungen. Körpersprachlich zeichnet sich der Unterschied klar ab. Jemand, der gelernt hat zu verzichten, ist nicht nach verschiedenen Seiten hin- und hergerissen. Er »steht« zu seinen Entscheidungen. Wir sehen klare, harmonische Bewegungen, die unzweifelhafte Information vermitteln. Darin zeigt sich die Beherrschung einer Führungsrolle.

Worin zeigt sich Führungsschwäche?

Führungsschwäche dokumentiert sich durch Bewegungslosigkeit oder in abgerissenen, halb ausgeführten Bewegungen, die also nicht zu Ende geführt werden und schon gar nicht einen Moment lang verharren.

Wer eine Handbewegung macht und sie am Ende den Bruchteil einer Sekunde lang im Raum stehen läßt, erweckt Vertrauen, denn genau diese Geste setzt einen Punkt, der bedeutet: Ich stehe dazu. Wer das Nein des anderen schon erwartet und die Geste schnell abbricht, die Hand rasch zurückzieht, macht auch gedanklich einen Rückzieher: Wenn du nicht willst, muß es nicht sein! Bevor der andere auch nur die

47

WER IN EIN FREMDES BÜRO EINTRITT, sollte nicht in der Tür hängen bleiben (links oben). Dieses Verhalten weist auf Unsicherheit hin. Er wartet auf Erlaubnis, das fremde Territorium zu betreten. Doch auch in der Mitte des Zimmers stehenzubleiben (rechts oben), statt auf den Gesprächspartner zuzugehen, erweist dem anderen zuviel ängstlichen Respekt. Wer dagegen in der Mitte des Raumes stehenbleibt und von dort aus die Hand ausstreckt (links unten), zwingt den anderen in eine unbequeme Haltung, die dem Gespräch nicht dienen kann. Die Verrenkung (rechts unten), die der Gastgeber auf sich nimmt, wird ihn nicht freundlich stimmen. Wer hinter dem Tisch sitzen bleibt (rechte Seite), ist darauf bedacht, seine amtliche Position zu wahren.

Chance hat, Stellung zu nehmen, nimmt der unsichere Verhandler das Nein vorweg.

Prägt der Status von Führung das Verhalten?

Mit Sicherheit. Die Führungsrolle wird zum zweiten Ich, und dem Rolleninhaber wächst ein erkennbares Dominanzverhalten zu. Sein Territorialverhalten ist unverkrampft. Er betritt ohne weiteres Räume (zum Beispiel ohne anzuklopfen), nimmt das fremde Territorium wie selbstverständlich in Besitz. Einer Gruppe, mit der er unterwegs ist, geht er einen halben Schritt voraus. Er führt. Er übernimmt wie ganz natürlich die Rolle des Gastgebers, auch wenn er es gar nicht ist. Höflichkeit ist für ihn kein Zwang, sondern selbstverständliches Verhalten.

Ist der Schritt voraus immer ein Statuszeichen, oder kann er auch Provokation signalisieren?

Ein Ehrgeiziger wird den Versuch unternehmen. Aber wie lange wird es ihm erlaubt bleiben, wie lange läßt es der Rudelführer zu? Außer er gibt dem Ehrgeizigen den Auftrag voranzugehen und macht ihn damit statt seiner zum Anführer, zur Vorhut.

DIE SOZIALEN SIGNALE

EINEN BESUCHER AN SEINEN PLATZ ZU FÜHREN, eröffnet das Gespräch (oben). Aber wohin mit dem Aktenkoffer? Ein größerer Spielraum erleichtert viel. Der Arbeitsplatz ist nichts anderes als ein erweiterter Sandkasten. Den Koffer auf den Tisch des anderen zu stellen, kommt der Verletzung eines Territoriums gleich (Mitte). Beim Öffnen des Koffers (unten) wird eine Wand zwischen den Partnern errichtet. Der andere kann nicht hineinsehen. Was hat der Gast zu verbergen?

Welche Spielregeln gelten für die Begrüßung?

In der Begrüßung fällt die sozial erworbene, kulturabhängige Signalstruktur sehr deutlich aus. Im deutschsprachigen Raum, der interessanterweise auch einen körpersprachlichen Raum darstellt, hat sich ein Konfrontationssystem erhalten, das an alte Schlachtordnungen erinnert. Die Armeen zogen aufeinander zu, in breiter Front, und schossen einander in die Brust. Kein Abwenden, nicht die leiseste Fluchtbewegung war erlaubt. Man versteckte sich auch nicht.

Das bis heute geltende Begrüßungsritual hat die gleichen Regeln: Man steht einander gegenüber, Aug in Aug, fester Stand, kräftiger Händedruck. So sieht das Idealbild der Erziehung aus. Dahinter steht die Vorstellung von zwei gleich Starken, die beide ohne Angst voreinander sind und deswegen auf Kampf verzichten.

Drückt sich in diesem Begrüßungsritual nicht ein archaisches Verhalten aus?

Wir finden solche Rückgriffe auf archaisches Verhalten auf Schritt und Tritt. Selbstverständlich geht dieses Begrüßungszeremoniell auf das ursprüngliche Dominanz- und Territorialsystem zurück. Die Frage, wer der Stärkere ist, steckt in jeder Begegnung zwischen Menschen, und die Konfrontationsstellung von Begrüßungen, die kein Ausweichen kennt, spricht eine klare Sprache. Wer sich an den Partner herandrängt und auch noch einen Fuß vorsetzt, will sich Dominanz verschaffen.

Welche Folgen haben Abweichungen vom tradierten Begrüßungsritual für die Beurteilung eines Menschen in unseren Breiten?

Jeder schwache Händedruck, jedes Ausweichen aus der unmittelbaren Mitte und erst recht ein Ausweichen des Blicks, aber auch schon eine größere Distanz werden als Charakterschwäche gedeutet. Es sind aber die kleinen Abweichungen, in denen sich

EIN MANN, DER GEWOHNT IST, FREMDE TERRITORIEN ZU BETRETEN, selbstsicher und offen zugleich, die Arme sind in Schwung. Sein Gesprächspartner ist aufgesprungen. Die wehende Krawatte zeigt es. Und schon streckt der Gast ihm, noch im Gehen, die Hand entgegen (rechts). Er ist der Handelnde.

DIE SOZIALEN SIGNALE

WER EINEM GAST WEIT ENTGEGENKOMMT, meint es höflich, kann ihn aber auch blockieren (oben). Der Gastgeber kommt dem Gast zwar entgegen, legt ihm aber gleich einmal dominant die Hand auf die Schulter (Mitte), um den hierarchischen Abstand zu verdeutlichen. Die Freigabe des Weges verläßt das System von Dominanz nicht (unten). Die weiterweisende Hand wirkt wie eine Schranke. Keine Blockierung, sondern Eskortierung (rechte Seite): das Bild eines idealen Empfangs.

unsere Wünsche, Neigungen und Abneigungen zeigen. Wer die unmittelbare Konfrontationsstellung vermeidet, kann damit auch ein positives Signal geben: Ich verstelle dem anderen nicht den Weg. Was gleichzeitig besagt: Ich habe es auch nicht gern, wenn andere mir im Weg stehen.

Wie sehen andere Begrüßungsformen aus, zum Beispiel in den romanischen Ländern?

Es fällt auf, daß Menschen im romanischen Kulturkreis bei der Begrüßung einander näher kommen. Zwar ist die Herkunft solcher Rituale viel älter, aber es scheint mir doch interessant zu erwähnen, daß sich aus dem Vorrecht absolutistischer Zeiten, dem König von Frankreich etwas ins Ohr zu flüstern, der Wangenkuß entwickelte.

Der Wangenkuß hat allerdings ein biblisches Vorbild im Judaskuß, obwohl dieser das Vertrauenszeichen böse verwendete.

Das Bedürfnis nach größerer Nähe war viel früher entwickelt. Und es ist der sinnliche Charakter solcher Annäherung, der für die Begrüßung in südlichen Ländern charakteristisch ist: Ich will prüfen, ob ich dich riechen kann.

Wie fällt die Begrüßung in angelsächsischen Ländern aus?

Kein Angelsachse erträgt die direkte Konfrontationsstellung ohne Unbehagen. Man steht weiter entfernt als auf eine Armlänge, die im deutschen Sprachraum das Maß ist. Stehen zwei beieinander, bilden sie immer einen offenen Winkel. So kann die eine Schulter der des anderen recht nahe sein, die andere ist weiter weg. Statt Konfrontation aufzubauen, werden Optionen nach außen geöffnet.

Die Stellung Schulter an Schulter signalisiert aber vor allem solidarisches Verhalten, das die Konfrontation nicht kennt. Die ist nach wie vor auf dem Kontinent zu Hause, insbesondere im deutschen Sprachraum.

WER ES WAGT, DEN BOSS ZU ATTACKIEREN, auch wenn er für den Moment über ihm steht, löst eine Reaktion aus; hier läßt der Boß es sich nicht gefallen. Er umgreift sein Territorium: Das ist alles mein! Er ist sprungbereit. Der Mitarbeiter zieht sich zurück (links), der Zeigefinger ist nur noch leere Drohung.

DIE KONFRON-
TATION MIT
OFFENEN HÄN-
DEN UND
EINEM SCHERZ
AUFZULÖSEN,
bringt Entspan-
nung für beide
Seiten. Wenn
sich der Kopf des
Chefs zur Seite
neigt (rechts), ist
Kompromiß-
bereitschaft nicht
mehr fern.

DER ÜBERRA-
SCHENDE BESUCH
DES CHEFS, der auch
noch den Zeigefinger dominant ausstreckt, läßt den Mitarbeiter die rechte
Hand als Schutzreaktion erheben. Da
der Chef insistiert, verstärkt sich auch die
Abwehr des Mitarbeiters (links). Wer sich
verteidigen muß, hat
keine Zeit zu handeln.

DIE SOZIALEN SIGNALE

Wie lassen sich die Eigenheiten des Begrüßungsrituals im russischen Kulturkreis erklären?

Im russischen Kulturkreis zeigen sich ursprüngliche Verhaltensweisen, die der ganz Europa beherrschende Einfluß des französischen Hofes vermittelte. Der Wangenkuß gehört zu diesen Errungenschaften, während die Schutz und Fürsorge versprechende väterliche Umarmung mit beiden Armen älteren Ursprungs ist. Wie der Kuß von Mund zu Mund, auch unter Männern. Er gibt das Versprechen: Ich füttere dich. Wie die Vögel ihre Jungen.

Lassen sich über die europäischen Kulturkreise hinaus einige bezeichnende Bewegungs- und Begrüßungssignale nennen?

In afrikanischen Begrüßungsriten zum Beispiel ist der konfrontierende Blick verpönt. Der Untergebene darf der Respektsperson nicht ins Gesicht sehen. Der Blick des Untergebenen ist nach der Seite gerichtet, damit wird zugleich der Halsflügel freigelegt, ein typisches Zeichen der Unterwerfung.
Dagegen gibt es Formen der Begrüßung, die Gleichheit versprechen. Wie der Handschlag, der, wiederholt ausgeführt, einmal die Hand des einen und beim nächsten Schlag die Hand des anderen oben sein läßt.
Der asiatische Kulturkreis kennt den Handschlag nicht. Die Distanz ist dort größer als irgendwo sonst. In den Verbeugungen wird die Respektsperson sich etwas weniger bemühen als der Abhängige. Und so erscheint auch hier das Prinzip von oben nach unten.

Genügt es, Sprachen zu erlernen, um fremde Kulturen zu verstehen?

Die verbale Sprache stellt eine Abstraktion dar. Deswegen genügt deren Kenntnis nicht zum Verständnis der Menschen und ihrer Kultur, obwohl die Unterschiede im Wortschatz viele Hinweise auf das kulturelle Verhalten geben. Die Sprache hat aber auch eine Melodie, und diese Melodie entspricht dem inneren Signal einer Kultur. Um die Empfindung nachvollziehen zu können, die dem sprachlichen Ausdruck versagt ist, muß ich den Rhythmus der Sprache kennen. Sprachrhythmus ist Sprachbewegung und Körperbewegung. Dieselbe Sprache wird in unterschiedlichen Sprachgebieten in verschiedenem Rhythmus gesprochen und verlangt einen dementsprechenden Bewegungsablauf. Dieser Rhythmus ist an den Gefühlsfluß und an das Grundtemperament eines Menschen gebunden: ruhig oder schnell, schwerfällig oder fahrig.
Um zu verstehen, was hinter den Worten steckt, nützt mir das reine Sprachverständnis wenig, wenn ich Melodie, Rhythmus und Bewegungsablauf nicht einbeziehen kann. Ich werde immer ein Fremder bleiben. Zurück in unsere eigenen Verhältnisse:

Wo liegen die Gefahren bei der Konditionierung der Menschen durch Erziehung, vor allem in der Schule?

Die Schule – und manchmal auch das Elternhaus – setzt auf den braven oder, wie man es heute nennt, den angepaßten kleinen Erwachsenen im Kind. Das berühmte »Stillsitzen« heißt zugleich unbeweglich sitzen, unbeweglich stehen und sprechen. Der brave Schüler tut, was von ihm verlangt wird, der unruhige wagt oft mehr, ist kreativer. Doch Kreativität wird im hergebrachten Schulsystem selten verlangt. Die Gesellschaft braucht den kreativen Geist, in der Schule hat er jedoch wenig Chancen. Schon seine Bewegungen kennzeichnen den Kleinen als Unruhestifter.
Die konventionelle Schule hält nur zwei Beurteilungskriterien bereit: Du mußt wissen, dann wirst du belohnt. Weißt du nichts, wirst du bestraft, nämlich mit einer schlechten Note.
Einstein, der bekanntlich kein guter Schüler war, hat einmal geäußert, er habe gedacht, in der Schule könne er die Fragen stellen, die vom Lehrer beant-

DIE SOZIALEN SIGNALE

wortet würden. Zu seinem Erstaunen sei es umgekehrt gewesen. Der Lehrer stellte die Fragen, der Schüler mußte sie beantworten.

Die Konditionierung besteht in dem außerordentlichen Druck, mit dem Wissen gefordert wird. Dagegen gibt es keine Noten für Neugier, im Gegenteil: Einer, der zuviel fragt, ist lästig. Daher scheuen sich auch Erwachsene später oft, Fragen zu stellen.

Was bedeutet dieser Anspruch für die spätere Entwicklung?

Die Menschen entwickeln eine Angst davor, zu fragen. Denn wenn einer Fragen stellt, offenbart er sein Nichtwissen, und dafür, so hat er gelernt, wird er bestraft. Neugier macht beweglich, Angst verkrampft den Menschen. Unsere Schulen sollten heute mehr denn je die geistige Beweglichkeit lehren, denn das bloße Wissen wird immer schneller von neuen Entwicklungen überholt. Wieviel geistige Beweglichkeit mit den freien Bewegungen des Körpers zu tun hat, davon sprechen alle Kapitel dieses Buches. Mehr Leistung verlangt größere Beweglichkeit und Bewegungsfreiheit. Mehr Bewegungsspielraum zu haben, heißt auch im Berufsleben, über mehr Optionen zu verfügen.

Welchen körpersprachlichen Ausdruck schaffen soziale Rollen?

Herkömmliche Gegensätze prägten das Bild des Geistlichen und das Bild des Generals. Der Geistliche, geschützt durch sein Gewand und seine soziale Rolle, war durch in jeder Beziehung offene Bewegungen gekennzeichnet und durch die Körperlosigkeit, die das weite Gewand suggeriert. Der General war durch geschlossene, zielgerichtete Haltung bestimmt und durch seine Uniform auf Körperlichkeit getrimmt.

Aber das war einmal. Die Welt ist weniger eindeutig geworden. Auch das Bild der guten Mutter und des guten Vaters hat sich gewandelt. Die kleinen Bewe-

JEDER VERSUCHT, SEINE POSITION ZU HALTEN (unten). Keiner kommt dem anderen entgegen. Sie geben einander die Hand. Der rechte Mann sucht den linken Mann an sich zu ziehen, doch der andere läßt nicht locker. Keiner ist bereit, seinen Standpunkt zu verlassen. Rechte Seite: Entgegenkommen scheinen Arm und Hand des dritten Mannes (links im Bild) zu demonstrieren, aber seine Fußstellung zeigt, daß er seine Position noch nicht aufgegeben hat, weil der andere ihn zieht, anstatt zu überzeugen.

58

KRÄFTEMESSEN PER HANDSCHLAG (links oben) ist ein beliebter Ritus zwischen Männern. Wir schätzen einen Gegner, der seine Position zu verteidigen weiß. Wer zu schnell nachgibt, ist ein Spielverderber. Stark wünscht sich der Partner beim Handschlag (links unten) seinen Freund auch in der Partnerschaft. Bist du nicht standhaft, dann räume ich dich beiseite (rechts). Die Hand will Widerstand finden. Wer zu schwach ist, spielt nicht mehr mit.

DOMINANZ PRÄGT AUCH PARTNER-SCHAFTEN. Der junge Mann (rechts im Bild) hat seinen Partner mit der rechten Hand zu sich herangezogen. Mit der linken Hand auf der Schulter des anderen signalisiert er: Vergiß nicht, wer hier der Erste ist.

DIE SOZIALEN SIGNALE

DIE AUSGESTRECKTE HAND des Mannes (linke Seite) soll Entgegenkommen zeigen, aber die gestreckten Gelenke verursachen eine Blockierung: Bis hierher darfst du kommen, weiter nicht! Die junge Frau wäre, ihrer Bewegung nach, näher gekommen. Die lockere Handhaltung federt die Konfrontation ab. Ein Widerspruch zeigt sich zwischen der vorwärts drängenden Fußspitze der jungen Frau (unten) und ihrer herabhängenden, sperrenden linken Hand: Ich möchte und ich möchte auch wieder nicht!

gungen der guten Mutter und die großen beschützenden Gesten des guten Vaters sind durch eine Demokratisierung des Rollenverständnisses abgelöst worden. Wir entfernen uns vom Rollenbild zu einem individuellen Verständnis von Bewegungsabläufen. Die starken Schultern eines Mannes, die er seiner Rolle wegen zu präsentieren hatte, sind heute weniger gefragt. Die alten Spielregeln werden außer Kraft gesetzt, neue eingeführt, und das zeigt sich in ganz entscheidender Weise im Verhalten der Geschlechter zueinander.

Wie entwickelt sich die Veränderung des sozialen Verhaltens in der Arbeitswelt?

Hat früher der Meister seine Gesellen und Lehrlinge langsam, Schritt für Schritt an steigende Anforderungen herangeführt, wird heute eine rasche Beteiligung am Arbeitsprozeß verlangt. Industrie, Handwerk und Wirtschaft verlangen weniger Stabilität als Kreativität, also Beweglichkeit.

Verändert körpersprachlicher Ausdruck die Persönlichkeit?

Körpersprachliches Verhalten kann die Persönlichkeit in höherem Maße verändern als allgemein angenommen. Wir sind eine Summe von Gewohnheiten. Unsere Körpersprache wirkt auf unser Denken zurück. Es gehört ein gutes Maß von Selbstüberwindung dazu, sich von einer Art spekulativer, oft unnötiger Angst zu befreien, die uns dazu zwingt, uns zu verschließen. Das Mißtrauen gegenüber der Welt führt zur Unbeweglichkeit des Körpers und Geistes.

Gewöhne ich mich bewußt an offene Bewegungen, gewinne ich eine größere Freiheit des Denkens. Offene Bewegungen machen empfangsbereit für die Informationen, die nur die Umwelt anbietet. Geschlossene Bewegungen schotten mich von der Welt ab. Das läßt sich trainieren, und die Erfolge sind überraschend schnell zu verbuchen.

63

Mann und Frau

Unterscheidet sich die Körpersprache der Geschlechter?

In einer Reihe von spezifischen Bereichen unterscheiden sich die körpersprachlichen Signale der Geschlechter, und zwar immer dann, wenn der biologische Unterschied relevant wird: die Frau als Gebärerin, der Mann als Erzeuger. Soziale Funktionen, die sich in der Frühgeschichte des Menschen ausgebildet und mit den biologischen Voraussetzungen zu tun haben, prägten den Mann zum Jäger und die Frau zur Sammlerin.

Entstanden aus dem frühen Rollenbild der Frau zusätzliche spezifisch männliche und weibliche Signale?

Weder Mann noch Frau entgingen dem Einfluß der sich entwickelnden Gesellschaftsordnungen. Eine von Männern bestimmte Welt teilte der Frau eine dienende Rolle zu. Herrschaft war ihr nur in Teilbereichen überlassen. Auch der Mann hatte nach einem Muster zu leben, das den Spielregeln der Gruppe entsprach.

Haben die sozialen Ordnungen die Unterschiede des Verhaltens, das sich in der Körpersprache ausdrückt, verstärkt?

Ganz gewiß. Denn von Natur aus sind die Unterschiede körpersprachlichen Ausdrucks gering. Typisch sind zum Beispiel das breitbeinige Stehen des Mannes und die schmale Standposition der Frau, angeboren ist beides nicht. Die arbeitende Bäuerin mußte schon immer fest und breitbeinig stehen, während die feine Dame im Sitzen und Stehen demonstrierte, daß sie nicht zu arbeiten gewohnt war. Lange Fingernägel sind ein ähnliches Zeichen.

Dennoch gab es von Beginn an Unterschiede. Waren es Folgen der biologischen Voraussetzungen?

Wenn wir uns den Mann als Jäger vorstellen, so hatte diese Funktion spezifische Wirkungen auf sein Verhalten. Sein Blick mußte auf größere Entfernungen gerichtet sein, und er war auf ein Ziel fixiert, auf Beute. Sein Körperbau befähigt ihn, schneller zu

DIE KLISCHEES DER GESCHLECHTER-ROLLEN sind tief in unserem Bewußtsein verankert. Hier steht die Frau fest auf beiden Beinen. Sie verteidigt ihr Territorium. Die linke Hand, in die Hüfte gestützt, verteidigt und verleiht zugleich Selbstbewußtsein. Der Mann übernimmt das Klischee einer weiblichen Position. Auf einem Bein zu stehen, schwächt den Standpunkt, auf den Männer soviel geben. Das Rollenverhalten scheint vertauscht.

IST DER WEIBLICHE REIZ SO STARK, daß er den jungen Mann zwingt, auszuweichen? Die junge Frau spielt mit den Augen und mit ihrer Körperhaltung ihre weibliche Rolle aus. Die rechte Hand am Busenansatz demonstriert Weiblichkeit.

MANN UND FRAU

laufen als eine Frau, er hat von Natur aus breitere Schultern. Seine Aufgabe war es damals, ein Territorium zu verteidigen, was bis heute unvergleichliche Droh- und Imponiersignale hinterlassen hat. Von der Bedeutung des männlichen Bartes als Imponiersignal und Ausdruck einer gesteigerten Beißkraft war an anderer Stelle schon die Rede. Aber auch die Behaarung seines Körpers, die sich bei Gefahr sträubt und damit ein größeres Körpervolumen vortäuscht, gehört zu den natürlichen Imponierrequisiten des Mannes.

Wie sehen die spezifisch männlichen Körpersignale in der Entwicklung aus?

Die Pubertät löst mit dem Stimmbruch, der ein wesentliches Signal der Reife ist, die männlich-tiefe Stimme aus. Mit dem Beginn der Samenproduktion mutiert das männliche Kind zum Rivalen unter Rivalen. Alle Zeichen von Imponier- und Territorialverhalten beginnen sich durchzusetzen. Ein weiteres Signal ist die Veränderung des Körpergeruchs, der sich mit zunehmender Reife verschärft beziehungsweise intensiviert.

Eine weitere Stufe in der Entwicklung bezeichnet der beginnende Bartwuchs, etwa im Alter von 17 Jahren. Die nächste, etwa im Alter von Mitte zwanzig bis dreißig, entwickelt bei vielen Männern eine Glatze.

Auch sie ist ein typisch männliches Körpermerkmal, ein Imponiersignal. Denn für den Kämpfer bringt sie mehrere Vorteile: Die Haare fallen ihm nicht über das Gesicht, so daß seine Sicht auf den Feind nicht behindert wird, und der Gegner kann ihn nicht am Stirnhaar packen. Wir sehen das noch heute im Körperkampf der Catcher, die sich die Haare mit Fett einschmieren, damit sie glatt liegen und der Gegner sie nicht so leicht packen kann. Bei manchen Völkern, zum Beispiel bei den Tataren, erscheinen die Kämpfer mit glattrasiertem Kopf, einem auch heute noch gängigen Drohsignal.

Ein unübersehbares Körpersignal in der weiteren Entwicklungsgeschichte ist der Bauch. Jetzt kämpfen andere für ihn. Der Mann hat es erreicht, sich einen Bauch leisten zu können. Erst in unserem Jahrhundert wurde dieses Erfolgs- und Imponiersignal abgelöst durch die immerwährende Jugend vortäuschende Schlankheit als soziales Merkmal. Die Periode des Kämpfers wird verlängert. Das graue und weiße Haar als Zeichen der Reife, die Fähigkeit, statt Kampf Rat anzubieten, erlitt konsequenterweise Einbußen.

Der Kreis schließt sich, wenn die Männer nun wieder bei den Frauen und Kindern hocken, wenn sich die Erinnerung an die Kindheit vor die Erinnerung an die Stufen wachsender Männlichkeit schiebt.

Mischen sich in jedem Menschen männliche und weibliche Eigenschaften?

Männliche und weibliche Eigenschaften mischen sich in vielfacher Weise. Männer mit höherer Stimme, mit schwachem Bartwuchs, mit weniger ausgeprägtem Imponier- und Territorialverhalten begegnen uns überall, und doch sind sie in ihrer biologischen Struktur vorwiegend männlich. Die Merkmale des Jägers sind ein vorherrschendes Verhaltenssignal. Sie erwarten Aufgaben, die zu erfüllen sind. Ihr Leben folgt Zielen, und diese Orientierung lenkt sie davon ab, neben dem verfolgten Ziel andere Dinge wahrzunehmen oder in Angriff zu nehmen. Männer sind wenig geeignet, mehrere Handlungsangebote gleichzeitig aufzunehmen. Ganzheitsbilder sind nicht ihre Stärke.

Läßt sich ein ähnlicher Entwicklungsprozeß für die Frau nachvollziehen?

Die biologischen Voraussetzungen schreiben den Entwicklungsprozeß vor. Die Gebärmutter symbolisiert die Bereitschaft des gesamten Organismus, sich mit einem anderen Organismus zu koppeln. Diese Koppelung mit dem neuen Leben fehlt dem Mann.

MANN UND FRAU

ANNÄHERUNGS-VERSUCHE haben mit territorialen Grenzen zu tun. Ein Mann, der viel Raum in Anspruch nimmt (linke Seite oben), legt seinen Arm über die Mitte der Distanz und erfährt Zurückhaltung von der Frau, die sich bedrängt fühlt und ihre Beine abwehrend übereinander schlägt. Zugänglich (linke Seite unten) ist die Haltung der Frau auf beiden Bildern. Im rechten lockert sich mit dem Blick auch der Verschluß der übereinandergeschlagenen Beine. Das letzte Bild dieser Serie (unten) zeigt durch die überkreuzten Hände und die offenen Knie die rezeptive Form eines Flirts.

ÜBER DICH MÖCHTE ICH MEHR ERFAHREN, sagen die hochgezogenen Augenbrauen des Mannes. Seine Brust ist aktiv, auch wenn die Arme herabhängen. Der zur Seite geneigte Kopf der Frau signalisiert Vertrauen. Ihre linke Hand unterstützt ihre Weiblichkeit. Eine erotische Suggestion vermittelt der aufgehobene Arm der Frau (links) und die leichte Berührung der Halspartie.

Das Kind ist in das System Mutter einverleibt. Ein einziger Kreislauf schließt beide zusammen. Rein biologisch gesehen ist die Frau für die Kommunikation mit dem Kind vorbereitet. Das hat Folgen für ihr Verhalten, bereits im Kindesalter. Kleine Jungen entfernen sich sehr früh auf weitere Distanz von der Mutter, als müßten sie schon jetzt einer Beute nachjagen. Kleine Mädchen halten sich nahe bei der Mutter, nahe beim Haus auf. Die Frau bleibt die Sammlerin, wie es der ursprünglichen Aufgabenteilung zwischen den Geschlechtern entsprach. Frauen sorgten für den Vorrat an Früchten und Korn, den eigentlichen Reichtum der Hütte. Und das ist bei Naturvölkern bis heute zu beobachten.

Der Reifungsprozeß der Frau zeigt in ähnlichen Schritten wie beim Mann andere Veränderungen. Der Busen entwickelt sich, die Periode tritt ein, die Schenkel werden länger, das Becken dehnt sich. Und wie bei den männlichen Heranwachsenden verändert sich der körpereigene Geruch, am deutlichsten an der Scheide, worin wir ein erotisches Signal erkennen. Dagegen fällt bei der Frau der Stimmbruch aus. Sie behält ihre hohe Stimme, was später für die Kommunikation mit dem Kind von Bedeutung sein wird.

Woran liegt es, daß Frauen früher ein höheres Reifestadium erreichen als Männer?

Durch die früher eintretende sexuelle Reife ist die Frau frühzeitig auf ihre Verantwortung als Mutter vorbereitet. Natürlich wirkt sich das auf ihren ganzen Körper und auf ihre innere Reife als Produkt der gesamten Entwicklung aus. Die Stufen, die der Mann zu durchlaufen hat, sind länger. Frauen, im allgemeinen von kleinerer Statur, bartlos, mit hoher Stimme, bewahren viele Signale, die auch den Kindern eigen sind. So findet das Kind in der Frau sein Ebenbild, viel eher als in seinem Vater, der ihm mit Bart und tiefer Stimme wie ein anderes Wesen vorkommen muß. Erinnern wir uns nur daran, daß

Kinder auf höhere Töne positiver reagieren als auf tiefe. Deshalb ist die Babysprache der Erwachsenen auf hohe Töne angelegt.

Zu den natürlichen Eigenschaften des Mannes zählt seine Fixierung auf ein Ziel. Fehlt sie der Frau?

Frauen sind in der Lage, mehrere Ziele gleichzeitig wahrzunehmen. Ihre Aufgaben waren bereits bei den Naturvölkern vielfältig. Die Frau sammelte, kochte, trug das Baby auf dem Rücken, beobachtete den engeren Umkreis der Hütte.
Vergleichbar sind die vielfältigen Aufgaben einer Sekretärin. Ein männlicher Chef würde sich wundern, hätte er auch nur einen Tag lang diese Aufgaben gleichzeitig zu bewältigen.
Wir haben es hier mit der ganzheitlichen Sicht der Welt und der Dinge zu tun, die bei Frauen ungleich stärker ausgeprägt ist. Ganzheit bestimmt auch den Ausgleich von Gefühl und Verstand.

Gehört das sichere Gefühlsempfinden zu den weiblichen Merkmalen?

Wie die Mutter ihrem Kind gegenüber mehr von sinnlichen Impulsen geleitet wird als von analytischem Denken, was der Fähigkeit dazu nicht widerspricht, ist auch ihre rechtshemisphärische Entwicklung stärker als beim Mann. Unter rechtshemisphärisch ist die Gefühlsbasis des Menschen zu verstehen. Ihre natürliche Aufgabe läßt die Frau das Ganzheitliche schneller erfahren und darauf reagieren.

Welche unterschiedlichen Voraussetzungen bestimmen das Sexualverhalten von Mann und Frau?

Mann und Frau haben von Natur aus die Aufgabe, zur Erhaltung der Art zusammenzukommen. Der Mann ist darauf programmiert, so viel Samen wie möglich zu streuen. Deshalb muß er schnell erregbar

MANN UND FRAU

KEINE VERFÜHRERISCHE BEWEGUNG spiegelt sich in der Geste einer Frau, die zwar ihre Achseln freilegt, aber mit konzentriertem Blick, der eher nach innen gerichtet ist, ihr Haar nach hinten zusammennimmt. Die Augen sprechen keine Einladung aus. Wenn keine Intention hinter einer Geste steckt, bleibt sie rein sachlich.

sein, um jede Gelegenheit wahrnehmen zu können, die Aufgabe der Arterhaltung zu erfüllen. Die Natur kennt in der Regel die sexuelle Treue nicht.

Der Mann investiert sehr wenig, nicht mehr als etwas Samen. Die Frau dagegen investiert viel mehr, nicht nur das Ei. Mit Beginn der Schwangerschaft ist sie gewöhnlich mindestens für ein Jahr aus dem sexuellen Spiel genommen, sie wird von ihrer Aufgabe, das Kind zur Welt zu bringen, es zu stillen und heranzuziehen, absorbiert. Der Mann bleibt weiterhin potent. Das ist auch der Grund für die sogenannte Vielweiberei in bestimmten Kulturen, in denen Kinder den Reichtum der Familie ausmachen.

Auf welche Signale reagieren Männer zuerst?

Männer reagieren aufgrund ihrer schnellen Erregbarkeit auf Details, ohne auf die Ganzheit der Frau zu achten. Der Mann reagiert auf schöne Beine, einen schönen Busen, glänzende Augen oder auf das Becken einer Frau. Frauen fühlen sich heute dadurch zu Recht entwürdigt. Sie verlangen mehr, nämlich die Beachtung ihrer Persönlichkeit. Biologisch gesehen sind es jedoch diese Details, die der schnellen Erregbarkeit des Mannes Impulse geben.

Warum reagieren Frauen anders?

Da für die Frau von der Verbindung mit dem Mann so viel mehr abhängt, ist sie auf ganzheitliche Sicht geprägt. Stimmt für sie das Gesamtbild, wird sie bereit sein, sich auf den Partner einzulassen, und es fällt ihr leichter, störende Merkmale zu übersehen. Typisch männliche Imponiersignale gehen deshalb häufig an Frauen vorbei, verfehlen ihre Wirkung. Der Bauch stört sie nicht an einem Mann, der ihr Sicherheit auszustrahlen scheint, die schwachen Muskeln nicht an einem, dessen Witz und Entscheidungsfähigkeit sie für ihn einnimmt. Körpersignale werden also von Mann und Frau unterschiedlich aufgenommen.

Welchen Einfluß auf die einzusetzenden Signale hat die Kenntnis der unterschiedlichen Reaktion bei Männern und Frauen?

Einer Frau kann es genügen, ein einziges attraktives Detail ihres Körpers zu betonen, um einen potentiellen Partner anzuziehen. Dagegen muß der Mann eine Kombination von Signalen einsetzen, um die gewünschte Partnerin zu gewinnen. Die gestrafften Muskeln allein genügen nicht, nicht die Schutz versprechende Gebärde oder der gefühlvolle Blick. Seine Signale müssen ein Gesamtbild schaffen.

Bestimmt die Geschlechterrolle das Verhalten?

In ihren Grundformen bleibt die Geschlechterrolle bestimmend. Männer machen in der Regel nach wie

DER BLICK UND DIE SEITLICHE HALSSTELLUNG suggerieren, anders als beim Bild auf der linken Seite, eine Einladung. Die Frau öffnet sich, legt die Achseln bloß, und indem sie die Haare nach oben zusammenfaßt, zeigt sie Hals und Nacken frei. Sie suggeriert: Wie gefalle ich Dir? Das kleine Bild (rechts) macht die Situation noch deutlicher durch den direkten Blick zum Partner, beantwortet von seinem Lächeln.

DIE NACKTE SCHULTER SUGGERIERT STETS EINEN EROTISCHEN APPELL. Der Gesichtsausdruck der jungen Frau ist indifferent, nimmt nicht Stellung, während ihre Standposition weibliche Standards vermittelt: Standbein, Spielbein mit dem nach innen gebogenen Knie. Der Mann ist ganz befangen in dem, was die Frau von ihm zu erwarten scheint: Erklärungen, Ratschläge, Demonstration. Die entblößte Schulter wirkt noch nicht auf ihn.

DIE INTENTIONS-BEWEGUNG IM BLICK DER PARTNERIN läßt den Mann erst aufmerksam werden, als sie die Korrektur vornimmt, den heruntergerutschten Träger wieder hochzieht. Sein Gesichtsausdruck ist wie umgewandelt. Er doziert nicht mehr; er lächelt und flirtet. Nicht die Enthüllung, sondern deren Korrektur hat seine Aufmerksamkeit geweckt.

75

MANN UND FRAU

DER KLEINE FINGER (oben) repräsentiert den Wunsch nach sozialer Anerkennung ganz grundsätzlich. Er ist der Gesellschaftsfinger. Wahrscheinlich versucht der männliche Partner hier mit seiner gesellschaftlichen Position zu imponieren.

Eine offene Hand (unten) zeigt stets Entgegenkommen. Beim Flirt könnte sie sagen: Ich hätte gern deine Hand in meiner Hand.

vor den ersten Schritt zur Annäherung. Sie sind als die Eindringenden aggressiv programmiert. Zugleich reagieren sie sensibel. Potenz gehört zu ihrer natürlichen Aufgabe und hat damit eine vordringliche Bedeutung. Eine geringfügige Störung kann sie außer Kraft setzen. Daß die Potenz oder Impotenz sichtbar ist, macht den Mann um so empfindlicher.

Warum verträgt der Mann bei der Liebe das Lachen der Frau so schlecht?

Sobald der Mann sich ausgelacht fühlt, fällt seine Potenz zusammen. Seine Erfahrung von der ganzheitlichen Sicht der Frau macht ihm Angst. Dabei ist es eine falsche Angst, wenn er glaubt, daß ihm ein anderer Mann wegen einer Eigenschaft vorgezogen würde. Die Frau bleibt wegen seiner Ganzheit bei ihm. Das eigentliche Problem liegt beim Mann, der immer noch lernen muß, die Frau als Ganzheit zu akzeptieren. Oft reagieren Männer zu schnell und geben den Frauen nicht die Zeit, ihre Ganzheit zu entfalten.

Entspricht der Aggressivität des Mannes eine Passivität der Frau?

Passivität ist nicht das richtige Wort. Im Gegensatz zu Männern sind Frauen rezeptiver. In der sexuellen Begegnung ist die Frau die voraussetzungslos Empfangende. Dagegen entwickelt sie eine um so größere Empfindlichkeit bei der Kopulation, da der Mann in ihren Organismus eindringt, während es für ihn ein Vorstoß in ein anderes Territorium bleibt. Hier liegen die entscheidenden Unterschiede des männlichen aggressiven und des weiblichen rezeptiven Verhaltens, die im gesamten Verhalten und in den bezeichnenden Körpersignalen wiederkehren.

Frauen können jedoch nach wie vor die Aktivität des Mannes durch lockende Signale auslösen. Doch muß es dabei nicht bleiben. Zwischen Mann und Frau wechseln aktives und passives Verhalten auch im intimsten Bereich.

In welchen scheinbar äußerlichen Signalen zeigen sich die Unterschiede zwischen Mann und Frau?

Ein Mann, der breitbeinig auf einem Stuhl sitzt, sendet ein völlig anderes Signal aus als eine Frau in der gleichen Stellung. Der Mann fühlt sich in diesem Augenblick völlig sicher, obwohl er den schmerzempfindlichsten Teil seines Körpers, die Hoden, ungeschützt läßt. Entweder steckt Imponiergehabe dahinter: Du bist zu schwach, um mir gefährlich zu werden! Oder die Umgebung ist ihm so vertraut, daß ihm überhaupt keine Gefahr droht.

Öffnet eine Frau ihre Schenkel, öffnen sich ihre Schamlippen. Erziehung gab und gibt heute noch geschlossene Knie als Regel vor. Meine Großmutter sagte dazu: »Wer die Tür offenläßt, darf sich nicht wundern, wenn Gäste kommen.« In Zeiten, in denen Frauen durch ihre Arbeit gezwungen waren, breitbeinig zu sitzen, etwa auf dem Melkschemel, zogen sie aus diesem Grund mehrere Unterröcke an.

Auf diese Weise senden gleiche Körperhaltungen bei Mann und Frau unterschiedliche Signale aus. Der vorgestreckte Busen einer Frau wird als erotisches Signal verstanden, der vorgestreckte Brustkorb des Mannes imponiert als Zeichen der Kraft. Auf der anderen Seite entwickelt auch die Frau Kraft, indem sie ihren Brustkorb mit Luft anfüllt. Sie signalisiert Kampfbereitschaft wie der Mann.

Welche Körpersignale setzt ein Mann ein, wenn er sich um die Partnerin bewirbt?

Werbung ist stets ein Versprechen. Der Mann wird alles tun, um ein Erlebnis in Aussicht zu stellen. Sein Körper strafft sich, die Muskeln werden angespannt, ohne zu verkrampfen, damit die Beweglichkeit seines Körpers sichtbar erhalten bleibt. Seine Augen zeigen Glanz und Interesse, die Augenbrauen heben sich. Er muß sein aktives Potential mobilisieren. Ein schlaffer Körper ist alles andere als ein Versprechen.

DIE OFFENE HAND EMPFÄNGT EINE ANTWORT (oben). Allerdings nimmt die weibliche Hand nicht die Hand des Partners, sie gibt auch nichts, sondern beantwortet sein Angebot mit Zärtlichkeit. Die zärtliche Bereitschaft erzeugt die sanfte Antwort (unten). Seine Hand hebt sich, wie um die ihre zu tragen. Wäre seine Antwort zupackend, hieße sie: Ich nehme dich in Besitz. Das zärtliche Einverständnis wäre zerstört.

AUF DEN ERSTEN BLICK EIN GANZ NORMALES PAAR, das Hand in Hand spazieren geht (links). Schaut man genau hin, ist etwas Ungewöhnliches zu sehen: Der Handrücken der Frau weist nach vorn, das heißt, sie führt den Mann. Es gibt immer noch wenige Männer, die diese Position akzeptieren. Gewöhnlich dominiert auch bei einer schnellen Begrüßung die Hand des Mannes. Der Kompromiß (rechte Seite) zeigt eine verschränkte Gleichberechtigung, die hier dem Mann sichtlich nicht behagt, seine Lippen sind wie zugeklebt.

DER JUNGE MANN IST IRRITIERT. Die offene, selbstsichere Haltung seiner Partnerin, die fast breitbeinig mit beiden Beinen auf dem Boden steht, scheint ihm ungewohnt zu sein (Bild links). Er lehnt sich zurück, schützt sich mit der angelehnten Hand. Ganz anders fühlt er sich, wenn seine Partnerin das weibliche Stereotyp ausspielt (Bild rechts). Sie steht auf einem Bein, dem Gefühlsbein, und demonstriert auf diese Weise Schwäche, die der Mann auffangen kann.

MANN UND FRAU

Welche Bewegungen unterstützen die Werbung?

Männer ziehen den Bauch ein, um ihre Aktivität zu unterstreichen. Es entsteht eine Kraft der Mitte, die Verbindung zwischen dem oberen und dem unteren Teil des Körpers wird geschlossen. Die Arme straffen sich als Zeichen der Handlungsbereitschaft. Der Mann, gewohnt Aufgaben zu lösen, demonstriert durch seine straffe und zugleich geschmeidige Haltung, daß er in der Lage ist, Aufgaben sofort anzugehen.

Wird dieses archaische Verhalten nicht schon in Märchen beschrieben?

Das Ritual ist unverkennbar. Der Prinz im Märchen hat fast immer drei Aufgaben zu lösen, um die Prinzessin zu gewinnen. Er muß seine Entscheidungs- und Handlungsfähigkeit unter Beweis stellen. Und es sind mehrere Aufgaben, weil er ein Ganzheitsbild von sich selbst geben muß, damit die Frau sich für ihn entscheiden kann.

Ein gestraffter und geschmeidiger Körper ist also die Voraussetzung für Werbung. Was kommt hinzu?

Vielleicht streicht er sich leicht übers Haar, um zu suggerieren, daß er es wert ist, gestreichelt zu werden. Der herausfordernde Blick spielt eine entscheidende Rolle. Er konfrontiert sein Gegenüber, symbolisiert die Bereitschaft zu handeln. Allerdings darf es nicht bei der Konfrontation bleiben, weil der unbewegliche Blick auch bei der Frau Kampfbereitschaft auslöst, den Impuls zu spielerischem Eingehen auf die Herausforderung weckt. Dasselbe Verhalten kann aber auch Angst hervorrufen. Zurückhaltende Männer oder auch der Kindmann gewinnen das Vertrauen einer Frau häufig sehr schnell, wenn sie das Gefühl hat, von ihnen vielleicht besser verstanden zu werden als von einem »typischen« Mann. Auch Wissen und Intellekt, Zielorientiertheit und Entscheidungsfähigkeit werden als männliche Stärke akzeptiert.

81

MANN UND FRAU

Wie antwortet die Frau auf die Werbung des Mannes?

In den Voraussetzungen ähnelt ihr Verhalten dem des Mannes. Ein schlaffer Körper, fallende Bewegungen vermitteln auch bei ihr nicht das notwendige Aktivitätsversprechen. Sie muß zu verstehen geben, daß ihre Aufmerksamkeit geweckt ist, und das tut sie nun ihrerseits durch leichtes Anspannen der Muskulatur, so weit, daß die Beweglichkeit ihres Körpers gesteigert wird. So verspricht sie Varianten des Genusses, Varianten des Geschehens. Es geht stets um Anspannung und um Lösen der Spannung.

Resultiert aus dem Prinzip von Anspannung und Loslassen das Katz- und-Maus-Spiel der Werbung?

Hinter dem Katz-und-Maus-Spiel steckt ein System: Ich akzeptiere deine Kraft, deinen Schutz, deine Aktivität, bin aber selbst nicht schwach, nicht hilflos, nicht inaktiv. Die Frau konfrontiert den Mann nicht voll mit ihrem Blick; er trifft ihn seitlich mit angehobenen Augenbrauen und hält damit das Spiel offen. Der seitliche Blick enthält etwas Lockendes, das durch ein Hervorheben von attraktiven Details ihres Körpers unterstützt wird. Vielleicht lockert sie ihr Haar, um zu sagen, so leicht und locker könnte es mit dir sein. Genußversprechen liegt auch in der leichten Berührung des eigenen Körpers, etwa der Halspartie oder der Lippen. Das alles geschieht wie zufällig, andeutungsweise, um die Entscheidung der Aktivität des Mannes zu überlassen.

Schließt das weibliche Verhalten eine direkte Antwort aus?

Nichts läßt sich ausschließen. Aber solange wir von Grundformen des Geschlechterverhaltens sprechen, müssen wir uns an die ursprünglichen Verhaltensweisen halten. Das Spiel von Ja und Nein und Vielleicht spielt beim Flirt eine unübersehbare Rolle, und es ist die Frau, die es bewegt. Es ist das ver-

82

steckte Spiel, das den Mann reizt. Es lockt ihn, mehr von seinem Potential zu zeigen. Andeutende Zeichen halten das Spiel in Gang. Deswegen hat Körpersprache in der Werbung zwischen Mann und Frau einen größeren Stellenwert als die verbale Sprache, die direkter, sozusagen indiskreter formuliert. Man überspringt das Wunder der Annäherung, wenn man einfach sagt: »Ich möchte mit dir schlafen!« Das Ziel bleibt dasselbe, aber der Weg ist ja vielleicht doch das Schönste.

Welche natürlichen Gesetze begleiten den Flirt?
Jede Annäherung zwischen Mann und Frau folgt einem Ritual, dessen einzelne Stufen nicht übersprungen werden dürfen. Vor allem stellt der Flirt ein positives Versprechen dar, das gesteigert wird durch das Spiel von Ja und Nein. Ehrgeiz, Ungeduld, Zielstrebigkeit verderben das Spiel. Enttäuschung und Frustrationen sind statt dessen das Resultat. Der Flirt stellt einen Wechsel aus, der nicht unbedingt eingelöst werden muß. Das Ja zum ersten Schritt der Annäherung enthält noch nicht ein Ja zum zweiten. Unsere Erziehung verhält sich flirtfeindlich, wenn sie verlangt, daß einer, der den ersten Schritt getan hat, den Weg auch zu Ende gehen müsse.

INTIMITÄT IN DEN GRIFF ZU BEKOMMEN, verrät die Geste des jungen Mannes, der seiner Freundin zu schnell an die Halspartie greift. Mit der Hand schiebt sie ihn weg (Bild links). Seine Hand an ihrem Nacken, sein Zeigefinger wie eine Pistole ausgestreckt, wollen die Annäherung erzwingen (Bild rechts). Mit beiden Händen hält sie ihn fern. Ihre rechte Fußspitze wendet sich schon zur Flucht.

KEINE BEZIEHUNG ZUM PARTNER und schon gar keine erotische Intention zeigt die Geste der jungen Frau (linke Seite), die sich hier das Haar hochbindet. Offene Haare (oben) deuten meist auf Kommunikationsbereitschaft. Jedenfalls interpretieren Männer das offene Haar einer Frau gern auf diese Weise. Auf unserem Bild unterstützt die Frau diese Auslegung mit ihren Händen und ihrem offenen Gesichtsausdruck. Verstärkt wird die Flirtintention, wenn die Partnerin ihre Haare vor den Augen des Mannes öffnet (unten) und die rechte Hand die Halspartie streichelt: Kann ich dir vertrauen?

FLIRT IN DER GRUPPE. Oben spielt sich anderes ab als unten. Die junge Frau rechts im Bild scheint aufmerksam zuzuhören, ihr eigentliches Anliegen freilich passiert unter dem Tisch. Der junge Mann links im Bild hat ihren Annäherungsversuch mit dem Fuß wahrgenommen. Sie will noch keine direkte Stellungnahme, deshalb bleibt sein Blick unbeantwortet. Sie schützt sich mit den Händen (unten), während ihre Freundin versucht, sich zwischen sie und die beiden Männer zu schieben.

BLICKKONTAKT KANN ÜBER-EINSTIMMUNG SCHAFFEN. Unter dem Tisch hat sich nichts verändert. Aber oben bietet sich dem jungen Mann links im Bild etwas an. Und er nimmt es an. Eine Interaktion hat sich etabliert. Das Paar in der Mitte ist im Gespräch, und die beiden Außenseiter schließen eine Allianz (unten). Sie stoßen mit ihren Gläsern an.

BEZIEHUNGEN IN EINER GRUPPE lassen sich aus der Sitzhaltung definieren. Die junge Frau sieht zwar den Gesprächspartner zu ihrer Linken an, aber ihr Mittelkörper und auch das übereinandergeschlagene Bein zeigen in die Richtung des anderen Partners. Der akzeptiert ihre Zuwendung, zieht seinen linken Fuß nicht zurück. Eine vollständig veränderte Beziehungslage enthüllt das Bild unten. Die junge Frau hat nun das rechte Bein über das linke geschlagen und öffnet sich ihrem linken Partner, obwohl ihr Gesicht dem rechten Partner zugewandt ist. Ihre Hand sucht die Nähe des anderen. Das Bild auf der rechten Seite zeigt die vollzogene Zuwendung. Der Partner links im Bild fühlt sich allein gelassen, er findet ein Staubkorn auf seinem Ärmel, das er wie seinen Frust wegwischen will.

Lassen sich die Stufen des Annäherungsrituals gültig beschreiben?

Sie wechseln von Kultur zu Kultur. Was in der einen die Stufe drei bildet, kann in einer anderen erst auf Stufe fünf seinen Platz haben. Allgemein gilt nur, daß eine Stufenfolge existiert, die eingehalten werden muß.

Meistens beginnt alles mit dem ersten Blick, und der bleibt einen Moment länger haften, wenn unser Interesse geweckt ist. Der Blick darf aber nicht zu lange verharren, weil ich dem anderen Gelegenheit geben muß, Stellung zu nehmen und ihn nicht zur Konfrontation zwingen darf.

Also werden wir den Blickkontakt aufheben, damit ein zweiter sich die Antwort holen kann. Vielleicht wird er vom anderen sofort erwidert, vielleicht erst beim dritten oder vierten Mal. Wiederkehrendes Interesse auf beiden Seiten gibt den Weg zur nächsten Stufe frei.

Die Wirkung des Blickkontakts zeigt sich in Veränderungen, winzigen Veränderungen der Haltung. Der Körper antwortet, er wird aktiviert. Der andere nippt an seinem Kaffee, nimmt eine Zeitung in die Hand. Diese scheinbare Umleitung des Interesses darf uns nicht irritieren. Denn es läßt sich leicht durchschauen, daß es eigentlich nicht dem Gegenstand gilt, sondern eine Reaktion auf das dokumentierte Interesse darstellt, dann nämlich, wenn sich der Körper des anderen mir zuwendet oder sein Blick immer wieder flüchtig zu mir herüberwandert.

Ist der Vorgang abgebrochen, wenn die Zuneigung des Körpers ausbleibt?

Nicht unbedingt. Vielleicht hält den anderen bei allem Interesse Vorsicht oder Angst zurück. Er fragt sich, was der Werbende wohl von ihm denkt, oder anerzogenes Sozialverhalten hält ihn zurück. Die Reaktion folgt einem gespaltenen Empfinden, und

MANN UND FRAU

der Widerspruch in uns läßt den Körper gegen den inneren Wunsch reagieren, gerade weil er bewegt worden ist. Er wendet sich ab, aber nicht lange. Vielleicht zeigt sich der Widerspruch noch deutlicher, wenn der andere ein Bein übereinanderschlägt, und zwar in die von mir abgewandte Seite, aber seine Hand öffnet sich in meine Richtung.

Solange sich irgendein Körperteil öffnet, ist noch gar nichts verloren. Die Gefahr besteht darin, daß der andere sich gegen den eigenen Wunsch verschließt und dann enttäuscht ist, daß der mögliche Partner dies als endgültige Absage verstanden hat. Warum hat er meinen Panzer nicht durchbrochen?

Aber es gehört nicht in das Spiel des Flirts, Panzer zu brechen. Angst ist der schlimmste Feind des Flirts, denn sie führt zu einer Erstarrung des Körpers. Er wird zum toten Gegenstand, und wir wissen, daß jedes Tier die Lust am Spiel verliert, wenn es merkt, daß der Gegenstand seines Interesses nicht reagiert, sich als leblos erweist.

Gibt es in der Werbung territoriale Signale?

Es kommt zunächst darauf an, im persönlichen Territorium des anderen zugelassen zu werden. Erbitte ich zum Beispiel einen Gegenstand aus seinem Territorium, werde ich vieles daraus schließen können, nicht ob, sondern wie er mir gegeben wird: offen, mit einer mir zugewandten Bewegung oder mechanisch. Mechanisch oder sachlich hergegeben hieße: Ich bin nicht bereit, mehr aus meinem Territorium herzugeben als gerade diesen Gegenstand. Die offene Bewegung dagegen signalisiert Kommunikationsbereitschaft. Sie ist vielgestaltig – ein Lächeln, wiederholter Blickkontakt, der etwas längere Phasen kennt und auf Fortsetzung wartet.

Umgekehrt gilt es auch als positive Antwort, wenn der andere es geschehen läßt, daß ich einen Gegenstand in sein Territorium schiebe, und er sich daraufhin nicht zurückzieht.

Zeichen der Annäherung sind vielfältig. Duldet der Partner, daß ich meine Hand in seiner Richtung ausstrecke, noch ohne ihn zu berühren, den Arm zum Beispiel auf der Sofalehne liegen lasse, ohne daß eine Rückzugsreaktion von seiner Seite folgt, dann empfange ich Ermutigung.

Genügt die Duldung solcher Annäherung für den nächsten Schritt?

Nur Bewegungen erlauben diesen Schritt, etwa das Öffnen der Hand in Richtung des Partners. Denn die geöffnete Hand sagt mir, daß ich sie nehmen darf. Ich muß sie nicht physisch nehmen, sondern in irgendeiner Weise der Bereitschaft folgen, etwas von mir zu empfangen, in Worten oder in Taten, denn Geist und Körper lassen sich nicht trennen.

Es wird nicht lange dauern, bis auch die physische Nähe akzeptiert wird. Worte können den Hautkontakt inspirieren. Sobald die akzeptierte Nähe es erlaubt, über den Duft oder das Parfüm einer Frau zu sprechen, sind wir rasch hautnah. Wir können einander riechen.

Die zufällige oder scheinbar zufällige Berührung des anderen leitet den Körperkontakt endgültig ein. Sie muß auf dieser Stufe alle Tabuzonen des Körpers vermeiden. Fast unweigerlich würde ein solcher Vorgriff zu Abwehrreaktionen oder zum Abbruch des Annäherungsvorgangs führen.

Welche Tabuzonen lassen sich als allgemeingültig benennen?

Tabuzonen wechseln von Kultur zu Kultur. Unzweifelhaft gelten bei einer Frau Busen, Becken, Halspartie, die Oberschenkelinnenseite als tabu, aber auch der Kopf. Denn das Gesicht eines Menschen empfinden wir als eine intime Zone, beim Mann auch Becken, Oberschenkel und Brust und bei beiden Geschlechtern natürlich die Genitalien. Mit der physischen Berührung überhaupt ist bereits eine hohe Stufe der Annäherung erreicht.

RIVALINNEN ERRICHTEN EINEN ZAUN zwischen sich. Beide haben die Arme wie Grenzpfähle aufgestützt. Kommunikation ist ausgeschlossen. Der männliche Partner links im Bild fühlt sich nicht wohl dabei. Obwohl vorgeneigt, zieht er sich zurück. Seine Füße verraten es, sie entziehen sich der Stellungnahme. Sein Partner rechts im Bild sitzt etwas fester, wirkt aber ebenfalls unbeteiligt. Die Initiative hat die Frau im unteren Bild an sich gerissen, indem sie sich energisch vorbeugt und damit den Partner links im Bild von der Konversation abschneidet. Ein häufig in Konferenzen geübtes Verhalten, um sich zu profilieren.

MANN UND FRAU

Besiegelt der Kuß das gegenseitige Einverständnis?

Ein Wangenkuß und selbst ein leichter Kuß auf den Mund bewegen noch nicht viel. Erst der Zungenkuß, der das Eindringen in das innere Territorium des Partners bewirkt, erschließt die Intimität. Nicht weniger intim wird der Kuß auf den Hals empfunden, ähnlich die Hand an der Taille der Partnerin, an ihrem Busen oder Becken. Das Ritual hat sich vollendet, wenn jede der Stufen von beiden angenommen worden ist.

Soll sich die Frau im Gehen, im Sitzen, im Stehen grundsätzlich anders verhalten als der Mann?

In vielen Situationen wird sie es aus guten Gründen tun, in anderen nicht. Es liegt an der Zielsetzung. Will sie am Arbeitsplatz als gleichberechtigter Partner angesehen werden, wird sie ihr Anderssein nicht betonen.

Welche Sitz- oder Standposition einer Frau signalisiert erotische Bereitschaft?

Eine oft unbewußte erotische Bereitschaft kommt darin zum Ausdruck, daß eine Frau im Sitzen leicht die Schenkel öffnet. Wird es ihr bewußt, kann sich daraus eine Sperre ergeben. Bereitschaft kann auch das Sitzen mit übereinandergeschlagenen Beinen signalisieren, wenn die Beine nicht aufeinander ruhen, sondern einen Zwischenraum offenlassen.

Läßt sie den Blick auf ihren Busen durch eine sich zuneigende Bewegung zu, ohne diese schnell rückgängig zu machen, ist ihr der damit ausgelöste Reiz wohl kaum unangenehm. Die Fußspitze, die bei übereinandergeschlagenen Beinen dem Mann ganz nahe kommt, ist bewußt-unbewußte Absicht. Wird sie auf die entsprechende Reaktion nicht zurückgezogen, kann Absicht unterstellt werden.

Im Stehen ist es die berühmte »S«-Linie, die die Körperlichkeit einer Frau betont. Der fragende Blick soll die Aufmerksamkeit darauf lenken.

ALS WOLLTE ER SEINEN COLT ZIEHEN, so hält der junge Mann die Hand an die Hüfte gestemmt (Bild links). Seine Partnerin, die Füße eng nebeneinandergestellt, ist ganz »artiges Mädchen«. Aber sie versucht, ihn in den Griff zu bekommen (Bild rechts). Die Hand auf der Schulter des anderen weist stets auf Dominanz.

OHNE IHREN STANDPUNKT AUFZUGEBEN, will die junge Frau dem Partner näherkommen. Sie greift nach ihm. Doch ihr Gleichgewicht gerät ins Schwanken. So fällt sie ihm zur Last. Um ihm entgegenzukommen, wäre nur ein kleiner Schritt vonnöten gewesen.

94

MIT BEIDEN HÄNDEN ZURECHTGERÜCKT hat der junge Mann seine Partnerin. Es ist zugleich eine die Bewegung einschränkende Geste: Bleib in deinem Rahmen, will er damit sagen, nimm dich zurück! Aber ihre Fußstellung ist schon nicht mehr ganz die des »braven Mädchens«. Sie gewinnt Standfestigkeit.

MANN UND FRAU

Fällt sie damit nicht in eine tradierte Frauenrolle zurück, die aus dem Unterschied zum Mann ein Defizit konstruiert?

Deswegen sage ich ja, es kommt auf die Zielsetzung an. Dennoch sollte sie nicht männliche Verhaltensweisen akzeptieren, als führten nur diese zum Erfolg. Eine aktive Frau wird Raum für sich in Anspruch nehmen wie der Mann, auch sie kann fest auf dem Boden und auch breitbeinig stehen wie er. Sie kann Entscheidungen treffen und Prioritäten setzen. Deshalb muß sie das männliche Dominanz- und Imponiergehabe nicht übernehmen, ihren Blick für die Ganzheit der Dinge nicht gegen Detailsucht opfern. Um glaubwürdig zu sein, wird sie sich in ihrer Kleidung ihren Aufgaben anpassen.

Erweisen sich beim Flirt die alten Klischees von Mann und Frau?

Was sich beim Flirt erneuert, sind nicht Klischees, sondern die vorgegebenen biologischen Funktionen. Das spezifische Verhalten wird verstärkt, übrigens auch das individuelle. Die Werbung ist gegenseitig. Beide Seiten versuchen ihre Stärken hervorzuheben und leisten doch gleichzeitig den Vorstellungen des anderen Vorschub. Eine Frau, die spürt, daß der Mann eine starke Partnerin in ihr sucht, wird versuchen, Spannung aufzubauen und über eine gewisse Zeit zu halten. Sucht er das schutzbedürftige Wesen, wird sie ihre Weichheit fühlbar machen. Selbstverständlich versucht auch der männliche Partner, die von ihm erwarteten Qualitäten zu aktivieren, wenn er die Signale der Partnerin versteht, wozu die feminine, rezeptive Grundhaltung besser geeignet ist als seine aggressiv zielgerichtete.
Das Biologisch-Sexuelle oder die Ehegemeinschaft sind längst nicht die einzigen Voraussetzungen für eine Beziehung zwischen Mann und Frau. Die Werbung um den anderen bewegt sich auch auf anderen Gebieten: intellektuelle Interessen, Arbeitsziele, Sport, die Spannung des Wettbewerbs bringen sie zusammen.

DEN MANN IN DEN GRIFF ZU BEKOMMEN, bleibt ihr Ziel. Aus einer besseren Standposition als vorher greift sie mit beiden Händen nach Hals und Wangen des Partners (Bild links). So versucht sie eine vertrauensvolle Schlinge um seinen Hals zu legen. Doch offenbar gelingt es ihr nicht. Denn das rechte Bild zeigt, wie sie sich wieder klein zu machen versucht, um seinen Argumenten eine kleinere Zielscheibe zu bieten, beziehungsweise sie über sich hinweggehen zu lassen.

Wirkung und Wahrheit

Kann ich so sein und so wirken, wie ich bin?

Ganz selten akzeptieren Menschen, daß sie so sind, wie sie sind. Manche können auch ihren Körper nicht akzeptieren. Der Konflikt zwischen der eigenen Realität und dem Bild, das wir von uns selber haben, ist allgemein groß. Zu viele Komponenten treffen in einem Menschen zusammen. Fragen läßt sich aber doch danach, ob der Mensch seinen Wünschen, seinen Gefühlen, seinen Träumen folgen und auch so wirken kann, oder ob er nicht vielmehr von Anfang an darauf konditioniert wird, Erwartungen zu erfüllen.

Das soziale Verhalten wird dem individuellen übergestülpt. Schon das Kind lernt, seine Gefühle zurückzuhalten. Es wird gezwungen, einem Menschen, dem es weder Interesse noch Sympathie entgegenbringt, freundlich zu begegnen. So geht es weiter. In steigendem Maße richtet sich der heranwachsende Mensch nicht mehr nach den Impulsen seines Gefühls, sondern nach Maßstäben, von denen er glaubt, ihnen nachkommen zu müssen. Wir haben es hier mit der Überlebensstrategie der Anpassung zu tun.

UMGANGSFORMEN GELTEN AUCH IM BÜRO. Richtiges oder fehlerhaftes Verhalten richtet sich jedoch nicht nach allgemeinen Normen, sondern nach dem jeweiligen Zusammenhang. Auf dem Schreibtisch in unserem Beispiel liegen die Papiere bunt verstreut. Wir haben es mit einem kreativen Chef zu tun, der assoziativ denkt und nicht systematisch. In diesem Umfeld stört es überhaupt nicht, daß die Mitarbeiterin auf dem Tisch sitzt. Nähe stellt sich ein, und wahrscheinlich sind alle anderen Stühle mit Papieren belegt. Das kreative Chaos schafft den Zusammenhang. Die Lesebrille (oben) übernimmt die Rolle des verlängerten Zeigefingers (links unten). Er weiß genau, was er will. Der Blick der Mitarbeiterin fragt: Ist es so richtig (rechts unten)? Der Stift an ihrem Mund bedeutet: Ich warte, bis du dich entschieden hast.

STÖRT DER KURZE ROCK AM ARBEITSPLATZ? Auf jeden Fall stellt er einen Ablenkungsfaktor dar. Die junge Frau selbst fühlt sich gezwungen, ihren Sitz zu korrigieren, denn sie möchte es vermeiden, Signale auszusenden, die mißverstanden werden könnten.

WIRKUNG UND WAHRHEIT

Wollen wir schließlich nur noch so wirken, wie wir glauben, daß man es von uns erwartet?

Der Konflikt zwischen dem individuellen Impuls und den Erwartungen der Gesellschaft ist offenbar. Allerdings bietet das soziale Umfeld Vorbilder, besser gesagt Typisierungen an, unter denen der einzelne nach seiner Anschauung von sich selbst wählen kann. Möchte ich der Sieger sein oder sein Schützling? Möchte ich der Starke sein oder der Bescheidene, der Erste oder der Beliebte? Das sind Bilder, die wir für uns adaptieren, um uns ein Image zu geben, das unsere Wirkung vermittelt. Es wird zu dem Bild, das wir von uns produzieren und von dem wir schließlich glauben, daß wir es wirklich sind.

Welche Gefahr liegt darin, ein falsches Bild von sich selbst zu haben?

Adaptiere ich ein falsches Bild, strahle ich eine widersprüchliche Wirkung aus. Außerdem ist es schwer, ein falsches Bild wieder loszuwerden. Habe ich mich gedanklich darauf eingelassen, ein Versager zu sein, werde ich, ohne es zu wissen, immer weiter diese Rolle spielen. Gedanken wirken stets unmittelbar auf den Körper. Ein Mensch, der davon ausgeht, seine Aufgaben nicht bewältigen zu können, sieht auch so aus. Seine körperliche Wirkung entspricht seiner geistigen Verfassung. Seine Stimme wird sich kaum erheben, seine Füße zeigen schwachen Bodenkontakt, er wagt es nicht, Raum für sich in Anspruch zu nehmen. Die Rolle zwingt ihn dazu, und bald glaubt er selbst an diese Rolle.

Wie sieht die positive Konsequenz aus einer falschen Rollenwahl aus?

Positives Denken strahlt auf den ganzen Körper aus, es erzeugt Selbstsicherheit. Die freie Brust, leichte Bewegungen machen es deutlich. Wer sich schön fühlt, projiziert Ruhe und Offenheit auf seine Umgebung und sieht eher die schöne Seite der Dinge als die häßliche.

Bin ich nun ein Ich, oder habe ich nur ein Image zu sein?

Momentan bin ich das Bild, das ich mir von mir mache, potentiell bin ich die Summe einer reichen Palette von Möglichkeiten. Wir müssen immer von neuem bereit sein, unser Bild von uns selbst, unser Image zu ändern. Denn ich kann meine Wirkung nur dann ändern, wenn ich auch meine Einstellung zu mir selbst verändere. Dazu gehört allerdings die Erkenntnis, daß wir nicht einschichtig sind und nur ein Bild von uns zutreffend ist. Wie der weiße Laserstrahl das ganze Farbenspektrum zeigen kann, hat der Mensch, wenn nicht alle, so doch viele Optionen und kann bei jeder Begegnung eine andere erwecken. Die schon einmal angeschnittene Frage, ob wir unsere Wirkung und uns selbst durch veränderte Bewegungen verändern können, wird hier noch einmal ausdrücklich bejaht.

Handeln wir, wie wir wirken?

Der Zusammenhang ist körpersprachlich gesehen unauflöslich. Wer mit schweren Bewegungen schreitet, wird schwer beweglich wirken und genauso handeln. Der Rhythmus seines Körpers setzt sich auf allen Gebieten durch. Geht derselbe Mensch eines Tages zum Joggen und Tanzen, wird er nach ein paar Jahren, davon bin ich überzeugt, eine ganz andere Person sein. Seine Wirkung ändert sich, und er selbst entdeckt neue Fähigkeiten in sich.

Kann ich eine »andere Person« werden?

Wenn ich von einer »ganz anderen Person« spreche, meine ich nicht, daß der Mensch sich in der Veränderung verliert. Vielmehr erweckt er ureigenes Potential, von dem er bis dahin selbst nichts wußte.

Wie sehen typische Rollenbilder und das aus ihnen entwickelte Verhalten aus?

Der Bescheidene hält seine Bewegungen zurück, seine Gesten werden klein, seine Stimme kommt

101

KANN SIE SEINEN WORTEN FOLGEN, wenn sie mit dem Sitz ihres Rockes beschäftigt ist? Ganz sicher will sie in dieser Situation nicht mit weiblichen Reizen spielen. Sie ist nur abgelenkt. Wäre ein locker fallender, längerer Rock im Büro nicht praktischer? Einen Verstoß gegen partnerschaftliche Kultur begeht die Frau auf dem Bild unten. Während ein anderer spricht, seine Fingernägel zu betrachten, ist Mißachtung des Partners. Der Schmutz unter meinen Fingernägeln ist interessanter als alles, was du sagst! Rafft eine Frau ihr Haar im Gespräch zusammen (rechte Seite), haben wir es dagegen mit einer positiven, sammelnden Geste zu tun. Sie konzentriert sich auf die Sache.

kaum mehr als halblaut heraus. Besitzt er eine Spezialisierung auf irgendeinem Gebiet, die ihn anderen überlegen macht, wird er erwarten, daß man ihn danach fragt. Er ist darauf angewiesen, daß ein anderer darauf hinweist.

Der Beherrschte respektiert alle Tabuzonen. Er läßt seinen Gefühlen nie freien Lauf und demonstriert damit, daß er in der Lage ist, sie zu zähmen. Zähmen bedeutet in diesem Sinn Zurückhalten. Wer einmal Pferde mit der Hand zurückhalten mußte, weiß, wieviel Kraft es verlangt. Die Folge ist Unbeweglichkeit. Der beherrschte Mensch wird in den Beckenpartien zurückgezogen wirken, etwas steif im Nacken, denn er sucht keine Gelegenheiten und kann auf Beweglichkeit verzichten. Die Moral bleibt intakt. Seine Chancen in der Welt stehen und fallen mit dem sozialen Raster, an das er sich halten kann.

Der Vernebler flieht vor der Kritik, er will sich nicht festlegen lassen. Seine Bewegungen bricht er hastig ab. Er setzt dazu an, ohne sie zu Ende zu bringen. Er ist beweglich oder unruhig. Er spricht undeutlich in lauter offenen Sätzen. Seine Angst, ein Ziel zu definieren, das er unter Umständen nicht erreichen könnte, läßt ihn unzuverlässig erscheinen. Er wechselt häufig seine (physischen) Standpunkte, weicht aus und hält sein Ziel nicht mit den Augen fest.

Der Eroberer ist immer auf Suche. Sein Hals ist beweglich. Er fixiert sein Ziel, der Brustkorb schiebt sich vor, sein Schritt ist raumbeanspruchend. Sein direkter Weg zum Ziel duldet keine Hindernisse. Menschen sollen ihm entweder helfen oder aus dem Weg gehen. Dieser Typ geht sehr gerade, oft schiebt er sich zuerst mit den Schultern nach vorn, und die Füße folgen. Seine Hand packt hart zu. Er will das Ziel (die Beute) greifen und nicht Informationen gewinnen.

Der Unentschlossene kann nicht verzichten, weil er stets glaubt, etwas zu versäumen. Er möchte gleich-

EIN GRIFF ÜBER DIE TISCHRUNDE HINAUS in das Territorium eines anderen hinein schafft stets Irritation (oben). Zwar fragt ihr Blick nach der Zustimmung des anderen, aber der Griff ist schon getan. Mit einer dominanten Bewegung jemanden besänftigen zu wollen, kann Aggression hervorrufen (unten). Hier versucht die Frau, die Aktivität des Mannes, die seine Hände versprechen, mit ihrer Hand zu dämpfen. Ihr Dominanzverhalten tritt damit überdeutlich zutage.

DIE VORGE-
SCHOBENE STIRN
VERSTÄRKT DIE
DOMINANZ, mit der
schon ihre Hand
den Partner kon-
frontiert hat (oben).
Der geneigte Kopf
schützt die Kehle:
Nun will sie mit der
Stirn durch die
Wand. Offen ge-
tragenes Haar
(unten) kann sich
am Arbeitsplatz
als ungünstig
erweisen, so viele
Spielmöglich-
keiten es bei anderen
Gelegenheiten
auch bietet, zum
Beispiel als Ver-
steck, aus dem sich
wieder auftauchen
läßt. Ob aber ein
Versteck in sachli-
cher Argumentation
am Platze ist, bleibt
zweifelhaft.

105

WIRKUNG UND WAHRHEIT

zeitig überall sein und stellt vielleicht irgendwann fest, daß er nur im Kreis läuft. Wie beim Vernebler bleiben seine Bewegungen unausgeführt, er tritt nicht fest auf, denn seine Ablenkbarkeit verhindert starken Bodenkontakt. Er wechselt die Standpunkte – auch mit den Füßen. Ruhig zu sitzen ist seine Sache nicht.

Der Darsteller unterstreicht seinen Anspruch auf Raum mit breiten Bewegungen. Seine Stimme wählt eine gehobene Frequenz, weil er die anderen übertönen muß. Er stört den Rhythmus anderer, um Aufmerksamkeit auf sich zu ziehen. Er wird nie schnell oder hektisch gehen, denn er muß den anderen Zeit geben, ihn zu erblicken und zu bewundern.

Der Aktionist will nicht ertappt werden. Er macht sich kleiner als er ist, er zieht den Brustkorb ein, seine Bewegungen sind schnell. Zwischen einer Aktion und der anderen wird kein Raum gelassen. Er ist schwer zu kritisieren, weil er kaum festzulegen ist. Eine Aktion geht lückenlos in die andere über. Er spricht so schnell, wie er agiert, und sein Redefluß erwartet kein Feedback. Eine Pause ergäbe Gelegenheit zur Auseinandersetzung, die will er vermeiden. Er entgeht so der Kritik, aber er versäumt auch den Beifall. So treibt ihn sein Ungenügen immer weiter.

Der Kokette, ein Typ, der auch unter Männern existiert, obwohl das kokette Verhalten einer Frau, die kindliche Signale aussendet, eher versucht, Fürsorgeverhalten beim Partner auszulösen. Oft werden Kindheitserfahrungen, die an erfolgreiche Verhaltensformen erinnern, ins Erwachsenenleben übertragen. Die Stimme wird heller, die Augen sind weit geöffnet, man macht sich kleiner als man eigentlich ist. Wer sich mit einem langen Blick zurückzieht, sagt: Bitte, hol mich wieder zu dir!

Das Opfer unterwirft sich prinzipiell. Seine Brust ist nach vorn geneigt, sein Blick gesenkt. Und wenn es sich zu offenen Bewegungen entschließt, öffnen sich die Arme unweigerlich hinter dem Körper: Was

kann ich machen? Und die Hände fallen in ihre hängende Haltung zurück: Ich kann nichts dafür!

Der Selbstbewußte kennt seine Mitte. Er steht aufrecht. Er bewegt sich nicht zu viel, hat aber keine Hemmungen, auch große Bewegungen auszuführen. Sein Nacken ist beweglich, der Blick ist frei, der Rhythmus nicht zu schnell und nie hektisch. Es gibt aber auch ein partielles Selbstbewußtsein, das nur im Rahmen einer Stellung oder eines Amtes lebensfähig ist. Diese Menschen stehen ebenfalls aufrecht, aber ihre Bewegungen verlassen nie einen gewissen Sicherheitsabstand. Der Oberarm bleibt eng am Körper. Aktivität und Verteidigungshaltung verbinden sich.

Der Patriarch nimmt Ehren und Respekt als selbstverständlich. Er liebt es, seiner Umwelt Ratschläge zu geben, hält die Hand des anderen mit beiden Händen, als müsse er ihn beschützen. Nach der Begrüßung führt er den Partner mit einer Hand am Arm oder an der Schulter.

Alle bisher genannten Typisierungen können sich auf Männer und Frauen beziehen. Welche vorwiegend weibliche lassen sich nennen?

Die Mütterliche nimmt ihr Vorbild aus der tradierten Mutterrolle. Sie will alle Welt bemuttern, zupft den Männern die Krawatte zurecht, nimmt die Frauen in den Arm. Für sie sind alle anderen ihrer Fürsorge bedürftig. Nicht jeder hat es gern, sich von ihr in die Kindrolle zurückversetzen zu lassen. Das macht ihre Wirkung ambivalent.

Die Schöne erwartet Beachtung von der Welt. Im ausgeprägten Fall sieht sie ihre Attraktivität als einen Marktwert, der von allen respektiert zu werden hat. Dieses Verhalten ist ein Rudiment aus Jahrhunderten, in denen die Dame der Gesellschaft kaum eine Chance hatte, sich in einer Funktion zu bewähren. Sie war zum Schaustück degradiert, obwohl sie es nicht unbedingt so empfand.

Heute stehen der Frau die meisten Felder der Betätigung und Bewährung offen. Frauen, die in unserer

Zeit nur ihre Schönheit spazierenführen, verfehlen die gewünschte Wirkung auch auf den Mann in zunehmendem Maße, weil das Bild der begehrenswerten Frau mehr und mehr von der aktiven Partnerin besetzt ist.

Läßt sich das neue Selbstverständnis der Frauen im Körperverhalten festmachen?

Haltungen, Bewegungen, Kleidung und Haartracht haben ihre typischen Festlegungen auf die Frauenrolle verloren. Frauen machen sich heute weniger klein und schmal als früher. Eine Mutter entspricht nicht mehr dem Mutterbild früherer Generationen. Der Zugang zu früher männlich besetzten Territorien in Ausbildung und Beruf haben den Bewegungsablauf verändert. Wenn Zwänge wegfallen, wirkt es sich zuallererst körperlich aus. Frauen sind direkter geworden in Bewegung und Wort. Eine Neigung, eher zu fragen als festzustellen, zeichnet sie aus. Noch ist der Zwiespalt zwischen den möglichen Optionen deutlich. Die Tendenz, am traditionellen Frauenbild festzuhalten, mischt sich mit dem Wunsch, die Chancen wahrzunehmen, die eine fortschreitende Gleichberechtigung von Mann und Frau eröffnet.

Wie nimmt die Männerwelt diese Veränderungen auf?

Mit Überraschung erfahren die Männer vor allen Dingen eines: Die Beteiligung von Frauen am Territorialkampf. Ein Verhalten, das einzig den Männern zuzustehen schien, wird von Frauen adaptiert. Wichtig dabei ist, daß der Kampf sich nun zwischen ungleichen Partnern abspielt und der neue Partner dazu noch mit anderen als den von Männern gewohnten Waffen kämpft. Weibliche Konkurrenten üben andere Wirkungen auf den Mann aus als männliche Gegner. Konfrontiert eine Frau den Mann auf völlig sachlicher Ebene mit völlig sachlichen Argumenten, steht sie dabei fest auf dem Boden der Tatsachen,

sind ihre Körperbewegungen ruhig, sendet sie keine lockenden Signale, wird der Mann dennoch irritiert sein, weil er unbewußt nach den tradierten Kennzeichen des gewohnten Gegners sucht, den breiten Schultern, den starken Muskeln, der männlichen Attitüde des Imponierens und Drohens.

Irritiert den Mann nicht auch sein überholtes Frauenbild?

Die Gewohnheit, Frauen als schwächere Wesen anzusehen, ja der Respekt vor der »schwachen Frau« behindern ihn, obwohl er theoretisch weiß, daß in dem anstehenden Territorialkampf keineswegs die Körperkräfte entscheiden. Projiziert er auch noch sein tradiertes Mutterbild auf die Frau, mit der er verhandeln muß, steigt seine Irritation. Und setzt die Gegnerin Mittel ein, die wir die weiblichen zu nennen gewohnt sind, so spürt er ihre Wirkung wohl, empfindet es aber als unfair, nicht mit den eigenen Mitteln bekämpft zu werden.

Der Territorialkampf, den Männer mit Männern auf allen Gebieten des Lebens zu führen gewohnt waren, wird also mit dem Eintritt der Frau durch veraltete Bilder vom Verhalten der Geschlechter kompliziert.

Wie wirken sich die Unterschiede im Denken von Mann und Frau aus?

Wir haben über die Detailsicht der Männer und die ganzheitliche Sicht der Frauen gesprochen. Frauen bringen neue Konzepte in den Territorialkampf ein, die auf einem anderen Denken beruhen und in einer anderen als der Männersprache entwickelt werden. Die Männer werden lernen müssen, sich in das ganzheitliche Denken einzufühlen, sich die neue Sprache anzueignen. Es wird sie ebenso bereichern, wie es sie zunächst verwirrt. Wir müssen uns daran erinnern, daß Frauen und Männer zwar gleichberechtigt, aber nicht gleich sind, nicht nur durch soziale, sondern durch biologische Prägung. Eine männlich

WIRKUNG UND WAHRHEIT

MIT ARBEITS-MITTELN WIE TAFEL ODER FLIPCHART sind Fakten zu visualisieren. Man muß sie zu gebrauchen wissen. Mit offener Hand auf das Schaubild zu zeigen (oben), ist richtig. Der Redner schaut als Ansprechpartner ins Publikum, ob er dabei die rechte Hand in die Hosentasche steckt (unten), spielt dabei keine Rolle. Ganz seinen Partnern zugewendet zu sein (rechte Seite), ist die ideale Position des Redners.

bestimmte Welt hat aber einen Nachholbedarf, um das neue Denken und die neue Sprache der Frauen verstehen zu können.

Passen sich Frauen den neuen Funktionen äußerlich an?

Die Anpassung beginnt beim Haarschnitt. Einer sachlichen Funktion wird in der Regel mit kurzem Haar entsprochen. Politikerinnen, Managerinnen, Geschäftsfrauen erhalten sich zwar eine weibliche Frisur, geben ihr jedoch eine praktische, Sachlichkeit signalisierende Form.
Diese aktive Frau steht meist aufrecht, ihre Bewegungen sind kurz und funktional, zielbewußt, wie wir sie als männlich einzustufen gewohnt waren.

Gibt es Zeichen der Unsicherheit bei Frauen, die in männliche Domänen eingedrungen sind?

Unsicherheit drückt sich durchweg in einem Widerspruch der Körperhaltung aus. Wenn zum Beispiel die Handbewegungen Aktivität verraten, der Schritt groß und raumbeanspruchend ist, aber der Brustkorb zurückgenommen wird, zeigt sich darin der Widerspruch. Für eine Frau sind hier zwei unterschiedliche Signale in Einklang zu bringen, denn der geweitete Brustkorb deutet auf Kraft und Entschlossenheit, der hervorgehobene Busen auf fraulichen Reiz.
Oft verrät sich Unsicherheit auch hier durch fehlenden Bodenkontakt und einen leichten, manchmal unsicheren Gang, was in der Auseinandersetzung dazu führen kann, den Argumenten nicht die nötige Schlagkraft zu verleihen. Die Stimme flattert oder wird schrill, statt stark zu sein.

Was können Frauen tun, um von Männern leichter als kameradschaftliche Partner akzeptiert zu werden?

Wenn Frauen auf die zu starke Betonung ihrer weiblichen Körpermerkmale verzichten, mehr noch, sie unter locker fallender Kleidung unsichtbar werden

WIRKUNG UND WAHRHEIT

BEIDE HÄNDE IN DIE HOSENTASCHEN zu stecken (oben), demonstriert eine klare Einstellung: Das sind die Fakten, handeln müßt ihr; ich muß es nicht! Mit der rechten Hand auf sein Diagramm zu zeigen (unten), öffnet den Körper des Redners zur Wand, aber nicht zu seinem Publikum, zu dem er über die Schulter sprechen muß. Ein leicht zu korrigierender Fehler.

lassen, wird der Mann optisch nicht irritiert. Der weibliche Kumpel bestimmt den Umgang von gleich zu gleich. So sehen wir es vielfach an den Universitäten, wo die Herrschaft der Jeans-Mode, die weniger verhüllt als verdeckt, rückläufig ist. Und so würde ich es auch für das Berufsleben empfehlen: Ein Kleid kann seinen leichten Fall bewahren, zum Beispiel Kreationen aus einem weichen Material in milden Farben, und dabei keineswegs unfraulich wirken. Sie heben aber kein Körperteil absichtsvoll hervor. Die Signale der Herausforderung sind reduziert.

Gehört die Frisur eines Menschen zu seiner Körpersprache?

Frisuren sind sehr auffällige Signale, nicht nur der Kopfschmuck des Indianers. Jeder weiß es, und jeder versucht, sie danach auszurichten. Soziale Stellung und soziales Verhalten werden durch den Haarschnitt deutlich gemacht. Beim Mann zum Beispiel sollen lange Haare eine unkonventionelle Weltanschauung repräsentieren.

Warum lassen sich Skinheads eine Glatze scheren?

Die Glatze gilt als ein biologisches Signal für Kraft. Männer bekommen sie, wenn sie sie bekommen, in ihren besten Jahren, also zwischen 25 und 35 Jahren. Dem Kämpfer durften die Haare nicht ins Gesicht fallen, damit der Gegner ihn nicht daran packen konnte, und so haben sich, wie schon erwähnt, bereits die mongolischen Krieger glattrasiert. Im Gegensatz dazu stehen die Mönche, nicht nur die der christlichen Religionen, die ihre Köpfe geschoren haben, um auf Haarpracht zu verzichten.

Was sagt das lange Haar einer Frau?

Bei Frauen ist langes Haar nichts Ungewöhnliches. Dafür läßt es unzählige Varianten der Wirkung zu. Locker fallendes, langes Haar signalisiert immer Ge-

GANZ FALSCH MACHT ES DIESER REDNER. Er spricht zur Tafel, als ob er zum ersten Mal liest, was darauf steht. Seine Zuhörer bekommen keine Zuwendung, denn er kehrt ihnen den Rücken zu. Wie sollen sie animiert werden?

MIT GESPANNTEM NACKEN UND DADURCH VERKRAMPFT beim Vorstellungsgespräch zu sitzen, wirkt völlig unkommunikativ. Dabei wollen die Hände der Chefin Informationen entgegennehmen. Die geöffneten Hände (links), die nicht zu weit über den Tisch gehen, zeigen: Mit mir kann man handeln!

schmeidigkeit und gilt als Versprechen: Ich bin offen, ich bin locker. Es fördert die Intimität der Annäherung.

Fällt das Haar einer Frau immer wieder über ihr Gesicht, muß sie es mit der Hand zurückstreichen. Unbewußt streichelt sie sich auf diese Weise selbst und macht sich gar nicht klar, daß sie damit ein animierendes Signal aussendet. Jedenfalls lenkt sie vom funktionellen Aspekt der Arbeit oder des Gesprächs ab. Bindet sie ihr Haar zurück, heißt das auf jeden Fall: Ich lasse mich auf meinem Weg nicht stören.

Frauen müssen sich bewußt sein, daß ihr Haar und ihre Frisur Signale geben, auch wenn sie keine Absicht damit verbinden, sonst werden sie von den Antworten, die sie erhalten, überrascht sein.

Welche Körpersignale verstärken die positive Wirkung eines Menschen allgemein?

Alles beginnt mit dem sicheren Bodenkontakt. Er steht für ein ruhiges Selbstbewußtsein. Die Bewegungen sind fließend. Nichts hemmt sie, denn jede innere Gehemmtheit zeigt sich in einer Muskelhemmung. Die Gelenke sind locker, aber nicht lasch. Ohne anderen den Raum streitig zu machen, wird Raum in Anspruch genommen. Größere Bewegungen sind nicht störend.

Ein Mensch, der sich seiner positiven Wirkung sicher sein möchte, wird häufig seine Position, auch seine Sitzposition, wechseln. Nicht hektisch, aber zum Beweis seiner Flexibilität, seiner Fähigkeit, Standpunkte zu verändern, Alternativen aufzunehmen.

Er wird gesellschaftliche Spielregeln beachten, also zum Beispiel anklopfen, bevor er einen fremden Raum betritt, aber er wird nie an der Tür stehenbleiben, sondern sein Recht ausüben, Raum in Anspruch zu nehmen. Seine Ausstrahlung macht es anderen leicht, sich ebenso zu verhalten. Denn sie spüren instinktiv, ob Dominanz oder natürliche Souveränität im Spiel ist.

Wird Lockerheit im Verhalten stets positiv empfunden?

Nicht in jeder Situation. Lockerheit signalisiert Optionen des Handelns. Wir identifizieren uns aber mit unseren Aufgaben. Wenn es darauf ankommt zu zeigen, daß jemand genau das umsetzen will, was man in einer bestimmten Situation von ihm erwartet, ist er nicht dazu aufgerufen, Vielseitigkeit zu demonstrieren. Um positiv zu wirken, wird er sich disziplinieren. Seine Bewegungen sind dann zurückgenommen, ohne zu versteifen. Sie sprechen von der Konzentration auf die eine Aufgabe. Der andere kann sich auf ihn verlassen. Es handelt sich also um körperliche Signale, die einer gewünschten Wirkung entsprechen. Vor allem bleiben der Kopf und die Halspartie gerade, zielgerichtet.

Wie kann ich die Bewegungen, mit denen ich wirken will, auf den Raum und auf mehrere Personen einstellen?

Es ist ein großer Unterschied, ob ich auf einen, auf mehrere Partner oder auf eine große Zahl von Partnern wirken will. Der Winkel, mit dem ich den einen, die kleine Zahl oder die Menge erreiche, ließe sich aufzeichnen.

Wie wirke ich am besten auf einzelne Partner oder kleine Gruppen?

Bei einzelnen Gesprächspartnern ist die Distanz auf Armlänge immer die richtige, außer bei sehr vertrauten Menschen. Um die direkte Konfrontation zu vermeiden, werde ich einen kleinen Winkel in die Stellung zueinander öffnen. Bei kleineren Gruppen ist dieser offene Winkel ein Muß, damit sich ein Kreis oder Halbkreis bilden kann.

Was geschieht, wenn eine kleine Gruppe in einer Reihe sitzt oder steht?

In dieser Position wird gezwungenermaßen der eine oder andere vom Gespräch ausgeschlossen.

WIRKUNG UND WAHRHEIT

Wie wirke ich auf eine Gruppe, wenn ich als Redner vor ihr stehe?

Je größer der Winkel, um so weiter gehen meine Bewegungen. Stehe ich bei einer Gruppe von Partnern den anderen zu nahe gegenüber, werde ich einen Teil der Gruppe verlieren. Denn ich muß mich immer einigen zuwenden und mich von anderen abwenden. Wende ich mich von einem Teil zu lange ab, werde ich diesen Teil meiner Zuhörer schnell gegen mich aufbringen, denn wer sich vernachlässigt fühlt, wird sich durch Gegenmeinung in Szene setzen. Und mit einem Nein setzen wir uns leichter in Szene als mit einem Ja. Es führt also zu besserer Wirkung, wenn ich durch größere Entfernung von der Gruppe den Winkel öffne.

Müssen die Bewegungen dem Umfang der Gruppe wie der Größe des Raumes entsprechen?

Der Größe des Raumes und der Gruppe gemäß verändere ich den Umfang meiner Bewegungen. Vor einer großen Gruppe in einem großen Saal bin ich ein Punkt in einem Breitraum, sie verliert mich. Meine Bewegungen müssen also ausgreifend sein, meine Stimme muß mit mehr Energie geladen sein, damit sich jeder bis in die letzte Reihe angesprochen fühlt. Es ist dasselbe, wie wenn ich einen Stein einen Meter weit oder zehn Meter weit werfen will. Ich werde andere Hebel ansetzen für den einen oder den anderen Wurf. Und nichts anderes gilt, wenn ich das Wort »werfe«. Meine Handbewegungen sollten sich ebenfalls nach dem Winkel richten, mit dem ich die Gruppe erreiche. Wer es gewohnt ist, seine Vorstellungen in kleinem Kreis zu entwickeln, wird Schwierigkeiten empfinden, seine guten Ideen einem großen Publikum nahezubringen, wenn er sich diese Tatsachen von Körpersprache und Wirkung nicht bewußt macht. Seine Stimme ist zu leise, die Bewegungen zu klein. Die Menschen wollen aber animiert werden, wenn sie zuhören sollen. Es ist ein

Unterschied, ob ich meinen Tee umrühre oder einen Kessel voll Brei. Die Energie meiner Bewegungen muß sich verändern.

Warum kommen gute Argumente bei unseren Partnern so oft nicht an?

Es gibt dafür verschiedene, körpersprachlich besetzte Gründe. Wer zu leise oder undeutlich spricht, erweckt im anderen das Gefühl, daß er nicht wirklich zu seinen Argumenten steht. Wer mit der Stimme zu sehr zurückhält, scheint das Nein des anderen schon selbst gesagt zu haben. Zieht sich die Stimme zurück, tut es auch der Körper, und er spricht monoton. Wer uns überzeugen will, muß zuerst unsere Sinnesorgane interessieren. Und das funktioniert nur über sprachliche Modulation, durch eine wellenförmige Übertragung, die uns in eine schaukelnde Bewegung versetzt. Dabei werden für ein Großobjekt, das mich begeistern soll, stärkere Wellen verlangt als für einfache Aufgaben. Übertrieben große Wellenbewegungen für ein Papierschiff zu erzeugen, erweist sich als ebenso wirkungsfeindlich wie eine kleine Brise für einen Ozeanriesen. Ich werde bei einem Geschäft, das hundert Mark einbringt, nicht die Arme weit ausbreiten, um es anzukündigen, dazu genügt eine geöffnete Hand. Das wirkliche Riesengeschäft aber wird glaubwürdiger, wenn ich beide Arme ausbreite. Die Verhältnismäßigkeit der Bewegungen beeinflußt ihre Wirkung.

Spielt der Zeitpunkt, in dem ich meine Argumente vorbringe, eine Rolle?

Ja. Der falsche Zeitpunkt entwertet die besten Argumente.

Woher weiß ich, daß ich zur falschen Zeit mit meinen Argumenten komme?

Ich brauche nur auf die körpersprachlichen Signale meines Gegenübers zu achten. Schaut der andere

ANGST VOR KRITIK FÜHRT ZU AGGRESSIVITÄT. Während die Chefin in seinen Unterlagen liest, macht sich der Bewerber mit den Händen (doppelte Pistole) zur Verteidigung bereit. Sie bauen eine Mauer auf (rechts), und auch sie errichtet mit ihren Händen eine Sperre.

WER SEINE HÄNDE ZEIGT, ist auch bereit zu handeln. Seine Lockerheit löst eine positive Reaktion aus. Wird er ihre Verschlossenheit (links) durch seine lockere Haltung, die keine Konfrontationslinie aufbaut, überwinden?

immer wieder weg, als wäre er lieber ganz weit weg, schlägt er die Beine so übereinander, daß sie von mir weg weisen, wird er nicht zuhören wollen. Kreuzt er, wenn ich ihn zum Handeln veranlassen will, die Arme über der Brust, bildet seine Hand eine Faust, signalisiert er eine Sperre.

Welchen Ausweg gibt es aus dieser verfahrenen Situation?

Das beste ist, den anderen zuerst zum Sprechen zu bringen. Also frage ich ihn etwas, statt meine Argumente zu wiederholen. Wenn ich seine Vorbehalte erfahre, kann ich neu argumentieren.
Die zweite Möglichkeit ist der Versuch, den Partner zu Öffnung und Zuneigung zu bewegen. Wir bieten ihm etwas an: einen Kaffee, einen Drink oder auch nur einen Prospekt, den er in die Hand nehmen muß. Wichtig ist, daß er sich bewegt.

Kann ein Argument durchfallen, nur weil ich dem Partner nicht in die Augen geschaut habe?

Jeder Partner will wahrgenommen werden. Fühlt er sich nicht direkt angesprochen, kann er mein Argument intuitiv ablehnen. Es wird vielfach unterschätzt, wie stark das Selbstwertgefühl unser Denken beeinflußt, hemmt oder befördert. Das beleidigte Gefühl verschließt den Verstand.

Kann die eigene Begeisterung den Erfolg meiner Argumente vermindern?

Argumente müssen serviert werden. Sie sollen den Partner treffen, wie ein Ball, den er fangen kann. Begeisterung ist auf der einen Seite eine gute Voraussetzung, weil sie das eigene Zutrauen in die Sache glaubhaft macht. Andererseits gefährdet sie die Zielsicherheit, denn die braucht eine ruhige Hand und einen kühlen Sinn.
Begeisterung verleitet auch dazu, mehr zu versprechen, als ich halten kann. Daraus spricht Unsicherheit, und die wird instinktiv wahrgenommen. Das

Argument wird ausgeschmückt und bleibt vor lauter Verpackung selbst unsichtbar. Unkontrollierte Begeisterung unterscheidet nicht zwischen Wichtigem und Unwichtigem. Mit zuviel Bewegung trifft man kein Ziel.

Wie kann ich es dem anderen erleichtern, mein Argument zu akzeptieren?

Eine positive Wirkung unserer Argumente hängt davon ab, ob die Interessen des Partners darin berücksichtigt sind. Bevor ich argumentiere, frage ich mich, wo dieses Interesse an meinem Vorschlag bei den Partnern liegen könnte. Kann er ihnen Anerkennung, Nutzen, Freude eintragen? In meiner Argumentation müssen die Bedürfnisse der anderen berücksichtigt und betont werden. Körpersprachlich wie verbal muß es mir gelingen, Koppelungen zu schaffen. Unbeweglichkeit ist langweilig, ein beweglich vorgetragenes Argument erregt Interesse.

Wieviel muß ich von meiner individuellen Wahrheit aufgeben, um in einer Gruppe zu wirken?

Wer in einer sozialen Gruppe wirken will, muß deren Spielregeln kennen und ihre Bedürfnisse. Kann ich die Spielregeln akzeptieren und die Bedürfnisse der Gruppe befriedigen, brauche ich mich nur wenig anzupassen. Will ich integriert werden, reicht es nicht aus, den Bedürfnissen der Gemeinschaft zu genügen, sondern ich habe die Spielregeln zu befolgen. Wie weit meine Anpassung geht oder gehen muß, hängt von äußeren Zwängen und meiner individuellen Entscheidung ab.

Woran erkenne ich Menschen, die keine Spielregeln akzeptieren und sich nicht anpassen?

Spielregeln spiegeln sich in kodierten Formen des Sprechens, des Verhaltens, der Kleidung und so weiter. Wer sich nicht anpassen will, wird sich bewußt gegen die Regeln kleiden und verhalten, er wird ein

UM DIE KONFRONTATIONSSTELLUNG ZU VERMEIDEN, öffnet die Bewerberin in ihrer Position einen Winkel zur geraden Haltung der Chefin. Nur mit ihrer rechten Hand schützt sie sich und baut auf diese Weise eine Barriere, die der Kommunikation nicht dienlich sein kann. Die Unsicherheit der Bewerberin steigert sich (Bild unten). Ihre Hände klammern sich an die Sessellehnen. Sie hat sich vom Tisch entfernt und ist auf diese Weise handlungsunfähig. Wer sich festklammert, auch an die eigenen gedanklichen Positionen, unterbindet in jedem Fall seine Möglichkeit zu handeln.

118

anderes Vokabular benutzen und damit Aufmerksamkeit auf sich ziehen, natürlich auf die Gefahr hin, die Harmonie zu stören.

Warum fürchtet die Gesellschaft Außenseiter?

Alles, was dem Gewohnten widerspricht, erweckt Verdacht. Biologische Ursache dafür ist, daß das andere in derselben Gattung a priori Krankheit und damit Gefahr bedeutete. Mutanten wurden von den Naturvölkern stets ausgestoßen. Aber es gibt auch eine soziale Komponente. Der Außenseiter war die lebendige Opposition gegen das Gesetz der Gruppe. Gleichzeitig mußte er stark genug sein, um zu überleben, und zwar ohne die Hilfe der Gruppe. Das machte ihn zu einem potentiellen Anführer in schlechten Zeiten.

Stößt die Gesellschaft grundsätzlich ab, was anders ist?

Nein. Die Gesellschaft differenziert ihre Normen. Außenseiter, die sich als Gruppe in der Gruppe fassen lassen, können ihr sogar nützlich sein. Das gilt für Künstler, für Erfinder und andere Gruppen. Wer über die allgemein gültigen Normen hinausgeht, ohne als Gefahr für diese Normen zu gelten, kann sogar Bewunderung und Respekt ernten.

Gibt es geringfügige Zeichen der Anpassung, die der Wirkung nützen?

Wer wirken will, muß akzeptiert werden. Habe ich vor, mit Bauern zu sprechen, die in Gummistiefeln auf ihrem Acker stehen, wäre es wirkungsschädigend, in Lederschuhen mit dünner Sohle aufzukreuzen. In angemessener Kleidung, festen Schuhen zumal, fällt die Integration leichter. Ich vergebe mir nichts dabei und kann durchaus Signale meiner eigenen sozialen Umgebung bewahren. Es geht darum, eine Brücke zu schlagen. Wer in einer fremden Welt akzeptiert werden möchte, muß sich jedenfalls bemühen, ihr soziales Verhalten, ihre Erwartungen

an einen Menschen, der sich ihr Vertrauen erwerben will, kennenzulernen. Wichtig bleibt, daß er dabei seine eigene Kultur nicht aufgibt, sonst wird er unglaubwürdig.

Welche Signale einer beruflichen Bewerbung führen zum Ziel?

Wenn wir von der Bewerbungssituation im Beruf sprechen, müssen wir davon ausgehen, daß der Bewerber stets zweierlei vorzustellen hat: erstens die eigene Person und zweitens seine Fähigkeit, die Aufgaben zu erfüllen, die ein bestimmter Beruf oder eine bestimmte Position ihm stellt.

Soll das Auftreten des Bewerbers Rücksicht auf seine künftige Stellung innerhalb der Hierarchie nehmen?

Das Auftreten eines Bewerbers sollte signalisieren, daß er weiß, wo er innerhalb der Hierarchie steht oder stehen wird. Geht es um eine mittlere oder eher untergeordnete Position, wäre es falsch, in einem teuren Maßanzug zu erscheinen. Es sähe nach übertriebenem Anspruch und nach zuviel Ehrgeiz aus. Ein Straßenanzug oder eine Kombination aus Blazer und Hose wären angemessen. Jede hierarchische Stufe besitzt ihren Verhaltenscode, einschließlich der Kleidung, die der angestrebten Stellung angemessen sein sollte. Für eine Führungsposition erwartet man ein gediegenes Outfit. Dunkler Anzug bei den Männern, gedeckte Farben und Kleider ohne herausfordernden Effekt bei den Frauen. Extravagante oder schlampige Kleidung erweckt für Administration und Organisation den falschen Eindruck.

Selbstbewußtsein ist zwar immer am Platz, es darf aber keine herausfordernden Signale produzieren. Der Bewerber sollte vor lauter Bescheidenheit nicht an der Tür stehenbleiben, aber auch nicht forsch die bequemste Sitzgelegenheit ansteuern. Das heißt: Auf der einen Seite will niemand unsichere Menschen zu

WIRKUNG UND WAHRHEIT

Mitarbeitern, auf der anderen sollen sich die Neuen in ein bestehendes System einordnen und der Hierarchie unterordnen können. Der erste Eindruck kann entscheidend sein.

Soll der Bewerber beim Betreten des Raums also selbstbewußt und bescheiden zugleich sein?

Er sollte in seinem Auftreten eine gewisse Initiative zeigen. Es wäre genauso falsch, unschlüssig herumzustehen wie unaufgefordert einen Platz einzunehmen. Wenn er in den Raum geführt wird, in dem noch niemand ist, wäre es unklug, sich einen Platz auszusuchen, denn gerade der könnte einem anderen aus Gewohnheit oder Privileg zustehen. Hat der Bewerber ihm diesen Platz genommen, ist die erste Irritation eingeleitet.

Worauf es ankommt, ist der Respekt vor der fremden Ordnung; wohlgemerkt Respekt und nicht die Angst, die einen Bewerber auf der Stuhlkante sitzen läßt, weil er es nicht wagt, seinen Platz voll in Anspruch zu nehmen und damit signalisiert: Ich bleibe nicht lange.

Welche Bedeutung kommt dem Zeitfaktor bei einem Bewerbungsgespräch zu?

Zeit gehört zum persönlichsten Territorium eines Menschen. Wer sich bewirbt, hat dieses Territorium zu respektieren. Denn pünktliches Erscheinen wird nicht nur als Beweis von Exaktheit und Zuverlässigkeit angesehen, es schafft auch ein positives Gesprächsklima, weil es das Territorium des anderen und damit sein Selbstwertgefühl unverletzt läßt. Tritt unverschuldet eine Verzögerung ein, muß der Bewerber unbedingt von unterwegs Nachricht geben und sich entschuldigen. In jedem Fall aber schwächt es seine Position, denn kommt er schließlich verspätet an, muß er sich kleiner machen als der Pünktliche. Die Verletzung des Zeit-Territoriums macht ihn zum Schuldner. Er hat dem Wartenden etwas weggenommen.

Bekommt der Bewerber einen Gesprächstermin, so gehört die vereinbarte Zeit zum Territorium des Einstellenden. Alles, was in dieser Zeitspanne vor sich geht, geschieht auf seine Kosten. Ein Telefongespräch, das diese Territorialzeit unterbricht, muß er als Raub empfinden. Lange Telefongespräche während des Bewerbungstermins kommen einer Mißachtung des Bewerbers gleich. Der Satz an die Sekretärin: »Bitte keine Telefongespräche« demonstriert den Respekt vor dem anderen.

Als unangemessen wird es angesehen, wenn der Bewerber während des Gesprächs auf die Uhr schaut. Hat er vielleicht etwas Wichtigeres vor? Über das Zeitbudget entscheidet der Hausherr, es ist sein Vorrecht.

Was hat ein Bewerber, der sich als Gleicher unter Gleichen bewirbt, zu beachten?

Auch er wird sich den in der Gruppe herrschenden Spielregeln anpassen, in seiner Kleidung, seiner Sprache und seinem Verhalten, jedoch kann er sich größere Freiheiten herausnehmen. Selbstverständlich durchquert er ohne Zögern den Raum bis zu der allgemein geltenden sozialen Entfernung (bei uns also Armlänge) und wartet darauf, daß ihm ein Platz angeboten wird.

Ist nicht jeder im Bewerbungsgespräch einer Art Verhör ausgeliefert?

Für den Bewerber ist es wichtig, daß es nicht beim Verhör bleibt. Er sollte deutlich machen können, daß er gekommen ist, um etwas anzubieten. Ich suche Arbeit, aber ich biete fachliche Kenntnisse, geistige Energie, meine Begabungen. Ich komme nicht mit leeren Händen. Der Körper zeigt sich dadurch offener. Die Hände zeigen sich offen wie bei einem Angebot. Die Beweglichkeit des Körpers kann signalisieren: Ich habe noch mehr Optionen anzubieten. Dieses Bewußtsein muß den Bewerber begleiten, wenn er zum Vorstellungsgespräch geht.

KEINEN WIRKLICHEN ÜBERGRIFF bedeutet die Handbewegung der Bewerberin, obwohl sie weit über die Tischmitte hinausgreift, um auf etwas zu zeigen. Denn ihre Körperhaltung ist offen, und die linke Hand an der Sessellehne zeigt, daß sie keinen Angriff auf das Territorium der Chefin plant. In Erwartung einer Stellungnahme hält diese sich bedeckt (Bild unten). Die Mauer ist noch nicht gefallen. Der rechte Arm der Bewerberin bildet einen Schutzwall, und der linke schirmt den ganzen Oberkörper ab. Die Abwendung durch Blick und Körperhaltung könnte auch sagen: Um meine Gedanken zu sammeln, brauche ich einen ungestörten, geschützten Raum.

121

DIE SCHULTERLINIE DER CHEFIN zeigt, daß sie nicht unmittelbar in die Konfrontation mit dem Bewerber gehen will. Dessen Haltung zeigt Ablehnung. Das über das linke geschlagene rechte Bein wendet seinen Körper vom Tisch ab. Die zusammengelegten Daumen weisen auf Dominanzanspruch. Die Hand auf dem Tisch (links) signalisiert aufs neue Dominanz. Zwar hört die Chefin noch zu, aber ihre Haltung hat sich geschlossen. Die rechte Hand sperrt bereits den Weg.

ABLEHNUNG DURCH DISTANZ und durch das Verschränken der Finger demonstriert der Bewerber auf dem Bild oben. Wieder signalisieren die beiden Daumen seinen Wunsch nach Dominanz. Als Antwort benutzt die Chefin ihr Schreibgerät als Drohsignal. Schließlich steht sie auf (rechts), der Bewerber hebt den Arm, um sich notfalls zu verteidigen. Doch weiß sie zu genau, daß in diesem Verhältnis sie der Boß ist.

DIE VERABSCHIEDUNG DURCH DIE CHEFIN trifft den Bewerber völlig überraschend. Er macht noch keine Anstalten, sich zu erheben, sondern sieht sie nur erstaunt an. Seine linke Hand, die Gefühlshand, hängt schlaff herunter. Er kann es noch nicht fassen, daß sie das Gespräch initiativ beendet. Er läßt es zu, daß sie ihm (links) von oben herab die Hand reicht.

WIRKUNG UND WAHRHEIT

Kann der Bewerber von seiner Seite Informationen anfordern?

Da er sich bewußt sein sollte, daß er etwas anzubieten hat, muß er wissen, wem er seine Kraft, seine Energie, sein fachliches Potential zur Verfügung stellt. Es ist sein Recht, Informationen zu erhalten. Ein Fehler wäre es, als erstes nach dem Gehalt zu fragen. Niemand schätzt es, daß einer nur wegen des Geldes kommt. Gefragt ist der engagierte Mitarbeiter, einer, der an der Arbeit interessiert ist und nicht hauptsächlich an den Gelegenheiten, nicht arbeiten zu müssen, also Urlaub, Feiertage, Pausen. Fragen der Orientierung wirken immer positiv. Die Frage nach dem Geld und den sozialen Leistungen ergibt sich selbstverständlich aus dem Angebot an Engagement und Fähigkeit, das der Bewerber auf den Tisch gelegt hat. Auf die Reihenfolge kommt es an.

Sollte es der Bewerber vermeiden, die Beine übereinanderzuschlagen?

Ich sehe keine Gefahr darin. Die Beine übereinanderzuschlagen, ist eine vor allem für Männer normale Bewegung. Sie hilft, die Kreuzmuskulatur zu stärken und führt zu einer aufrechten Sitzposition. Die Fußspitze, darauf ist unbedingt zu achten, darf dabei nicht zwischen die Beine des anderen gerichtet sein. Denn es würde instinktiv als Bedrohung empfunden. Als Unart gilt es auch, wenn der Fuß so hoch angehoben wird, daß die Schuhsohle zu sehen ist. Wir haben es hier nämlich mit einem provozierenden Dominanzsignal zu tun.

Was soll man beim Bewerbungsgespräch mit seinen Armen machen?

Arme und Hände sind zum Handeln da. Wer sich bewirbt, soll auch zeigen, daß er bereit ist zu handeln. Eine unbewegliche Armhaltung, noch schlimmer unter dem Tisch versteckte Hände, weisen auf Angst und Unsicherheit beim Handeln. Ebenso falsch ist es, die Hände und Arme zuviel zu bewegen, weil es den Partner verwirren und stören kann. Richtig ist es, Arme und Hände maßvoll und inhaltlich motiviert zu bewegen. Wie immer erweckt die offene Handfläche Vertrauen.

Wieviel Bewegungsfreiheit kann sich ein Bewerber erlauben?

Auf keinen Fall sollte er stocksteif auf seinem Stuhl sitzen, aber er soll auch nicht auf dem Sitz pendeln. Das verwischt die eigene Position und irritiert das Gegenüber. Wenn der Positionswechsel mit einem Themenwechsel zusammenfällt, ist er nicht nur erwünscht, sondern ausgesprochen hilfreich. Er signalisiert eine der Situation angemessene Flexibilität, ohne auf Nervosität schließen zu lassen. Wer sich nicht bewegt, differenziert auch geistig nicht. Die Stellung zu wechseln kann auch heißen, die Stimmung zu verändern. Sei es, es geht vom Sachlichen zum Privaten, sei es, von einem Thema zum anderen. Dagegen erlaubt die angemessene Bewegungsfreiheit nicht, Gegenstände in die Hand zu nehmen, die dem anderen gehören. Der Bewerber kann verbal sein Interesse beweisen, aber das Berühren ist verboten. Es wird als Übergriff in fremdes Territorium, als ungerechtfertigter Besitzanspruch empfunden.

Steht auch der Tisch, an dem verhandelt wird, bereits unter den Gesetzen des Territorialbewußtseins?

Schreibtische gehören zweifellos zum Arsenal des Imponier- und Territorialverhaltens. Aber auch jeder andere Verhandlungstisch darf vom Bewerber nicht ohne weiteres in Anspruch genommen werden. Zu Beginn eines Gesprächs sollte der Bewerber sich zurückhalten, die Hände ohne weiteres auf den Tisch zu legen oder darauf zu hantieren. Erst wenn er aufgefordert wird, etwas zu schreiben, oder er sich Notizen machen kann, ändert sich die Situation. Niemals aber darf er die Tischmitte mit seinen Händen überschreiten. Die Territorialverletzung wäre

125

KLEIDER CHARAKTERISIEREN LEUTE. Der Bewerber (links im Bild), korrekt gekleidet: dunkler Anzug, Krawatte, weißes Hemd, kann für diesen Chef nicht der richtige Mann sein. Da sitzt er schlipslos im Hemd, zurückgelehnt in seinem Sessel. Seine Bewegungen sind ausgreifend, während der Bewerber die Hände sogar unter dem Tisch verbirgt und damit keine Bereitschaft zu handeln andeuten kann. Wenn er schließlich mit den Händen agiert (unten), tut er es schmalspurig. Beide Hände bauen einen engen Tunnel. Mit dem Ellbogen auf dem Tisch verteidigt der Chef nun seine eigene Position. Zwei Welten stoßen aufeinander.

WER SICH IN DEN NACKEN GREIFT, demonstriert Unsicherheit. Der Bewerber fühlt sich fremd in einer Umgebung, in der sein Gesprächspartner redet und zugleich Kaffee schlürft und sich vor lauter Kreativität an keine Regeln hält. Das Ergebnis war vorauszusehen (unten): Der Chef ist vom Tisch (und damit von der Sache) abgerückt. Die verschränkten Arme und das heruntergedrückte Kinn zeigen eine totale Sperre.

damit komplett. Denn konkret hieße das: Dein Schreibtisch gehört längst mir!

Solange die Hände den Tisch noch nicht berühren, ist der Informationscharakter eines Gesprächs gewahrt. Auch der Bewerber hat sich noch nicht festgelegt. Der Abschluß findet auf der festen Basis des Tisches statt. Ein Dokument, ein Schriftstück, ein Prospekt zieht den anderen an den Tisch. Diese Bewegung geht meist vom Einstellenden aus, wenn er den Bewerber an sich ziehen möchte.

Wie sollte die Körpersprache des Arbeitgebers sein?

Da es das Ziel des Arbeitgebers sein muß, möglichst viel über den Bewerber zu erfahren, sollte er ihm die Möglichkeit verschaffen, sich zu bewegen. Denn damit löst er Informationen aus. Ganz falsch wäre es, steif, mit inquisitorischer Miene auf Einschüchterung bedacht, dazusitzen. Das ist der sichere Weg, nichts zu erfahren. Das eigene Verhalten, also die eigene Beweglichkeit, animiert die Beweglichkeit des Bewerbers. Und nur damit entfaltet er das Bild aller seiner Fähigkeiten. Nur wenn ich den Fächer öffne, sehe ich, was darauf gemalt ist.

Kann falsche Kleidung negative Signale auslösen?

Von der hierarchisch angemessenen Kleidung war schon die Rede. Es gibt aber noch einen anderen wesentlichen Gesichtspunkt, und der betrifft das Klima und die Zimmertemperatur. Ein Bewerber, der sich zu warm oder zu luftig angezogen hat, gefährdet das eigene Wohlbefinden, und das wirkt sich sofort auf seine Ausstrahlung aus. Insbesondere zu warme Kleidung macht sich unangenehm bemerkbar, da sie zum Schwitzen führt; das schweißnasse Gesicht eines Bewerbers wirkt im Alltagsleben abstoßend, im Gegensatz zur erotischen Bewerbung, in der feuchte Lippen und ein feuchter Körper animierend wirken.

Hat die Kleidung auch über die hierarchische Einstufung und das momentane Wohlbefinden hinaus Bedeutung?

Kleidung gehört zum körpersprachlichen Ausdruck, weil sie den Menschen ohne Worte nach außen interpretiert. Bewußt oder unbewußt stufen wir einen Menschen nach seiner Kleidung ein. Präsentiert sich eine Frau mit tiefem Dekolleté und freizügiger Rockkürze, wird man sie kaum an die Kasse lassen. Vielleicht ist das ganz ungerechtfertigt, aber das Signal ist gegeben und tut seine Wirkung. Das heißt, die Kleidung sollte der Funktion angemessen sein, um die sie oder er sich bewerben. Kleider machen Leute, sie sind Signale unserer Wünsche und unserer Vorstellungen von uns selbst. Wer einen Job als Graphiker oder Public Relations Manager sucht, wird nicht im grauen Anzug erscheinen. Da von ihm Kreativität und ungewöhnliche Einfälle erwartet werden, muß er diese Fähigkeiten selbstverständlich in seiner Kleidung sichtbar machen. Seht her, so wie man mich nicht übersehen kann, werde ich eure Produkte unübersehbar machen!

Wie lassen sich solche allgemeinen Regeln differenzieren?

Durch Anpassung an den individuellen Fall müssen solche Regeln differenziert werden. Wie bunt sich der Werbespezialist kleiden sollte, wie auffallend der Public Relations Manager, wird von den Produkten bestimmt, mit denen er es zu tun haben wird. Populäre Produkte verlangen kräftigere Farben. Hat er es mit Produkten für eine traditionell geprägte Käuferschicht zu tun, wird er sich farblich zurückhaltend geben.

Der Habitus richtet sich auch nach dem Bedürfnis unterschiedlicher Bevölkerungsschichten. Ein Mensch, der sich einer gewissen intellektuellen Haltung befleißigt, wird auf Kleidung bewußt weniger geben als ein repräsentationswilliger Geschäftsmann, er wird sie vielleicht sogar vernachlässigen, um seine Unabhängigkeit von gesellschaftlichen Zwängen zu demonstrieren. Man nähme ihm seine Rolle auch nicht ab, wenn er wie ein Buchhalter daherkäme oder wie der Erfolgsmanager. Krawatten eröffnen einen gewissen Spielraum. Die modische, auffällige Krawatte signalisiert, daß ihr Träger konventionelle Ordnungen respektiert, sich aber für aktuelle Entwicklungen offenhält. Oft bleibt es allerdings bei der Offenheit gegenüber modischen Neuheiten statt gegenüber geistigen Entwicklungen.

Verstärken Statussymbole die Wirkung eines Rollenverhaltens?

Dazu sind Statussymbole da. Aufstieg in der Hierarchie ist regelmäßig davon begleitet. Neben dem größeren Büro und dem schweren Auto, beides Symbole, auf die vor allem Männer angewiesen zu sein scheinen, geht es um die persönlichen Accessoires, die Status geben, vom goldenen Kugelschreiber bis zur goldenen Brille und zur teuren Schweizer Armbanduhr. Alles dient der Aussage: Ich bin gewohnt, wie selbstverständlich mit Statussymbolen zu leben. Sie sind, und das gilt gerade für die Gegenstände des täglichen Lebens, ein Teil meiner selbst. Der Umgang mit ihnen sollte selbstverständlich werden, kein »show off« ist gefragt. Im Gegenteil: »Status trifft Status«, heißt das Motto.

Sollen wir unsere Gewohnheiten beim Bewerbungsgespräch unterdrücken?

Aus vielen kleinen Bewegungen, die wir uns angewöhnt haben, liest unser Gegenüber etwas über unsere Konstitution, über unser Temperament, unser Verhalten heraus. Es würde den Bewerber verkrampfen, müßte er in der Gesprächssituation ständig daran denken, bestimmte Bewegungen zu unterdrücken: Jetzt bloß nicht am Ohrläppchen zupfen! Es wird auf die Dauer nicht gutgehen. Wir verbringen täglich mindestens acht Stunden am Arbeitsplatz, und außerdem ist die Unterdrückung von

DIE BUNTE, LEGERE KLEIDUNG DES BEWERBERS scheint den konventionell gekleideten Chef zu irritieren (oben). Als der junge Mann auch noch die Hände auf den geordneten Schreibtisch legt (Mitte), zieht sich der Chef zurück. Er unterstreicht seine skeptische Haltung (unten) mit seiner Handstellung (Pistole).

HIER PASSEN MENSCHEN UND UMGEBUNG ZUEINANDER. Die bunte Mischung auf dem Schreibtisch und die unkonventionelle Begrüßung durch den Chef stehen in Einklang mit dem Outfit des Bewerbers. Und man versteht sich (links).

WAS IN EINEM FORMELLEN GESPRÄCH UNMÖGLICH WÄRE, hat hier seine Richtigkeit: Die extrem ausgreifenden Bewegungen des kreativen Chefs faszinieren den Bewerber, der sich mit dem linken Arm noch etwas sperrt. Aber schon arbeiten beide (rechts) offen zusammen.

DARF MAN SICH SO WEIT ÜBER DEN TISCH BEUGEN? Hier stört es nicht. Es geht nur um die Sache, und beide können zusammen in die Papiere sehen. Der junge Mann demonstriert seine Bereitschaft, Schulter an Schulter mit dem Chef zu arbeiten (links), und der akzeptiert es.

Persönlichkeitsmerkmalen weder produktiv noch bequem. Unerwünschte Gewohnheiten lassen sich nur auf Dauer ändern, und manche stören die Umwelt weniger als man selbst annimmt.

Dagegen sollte man, zumal in unserer Zeit, auf das Rauchen verzichten. Man raucht nämlich nie allein, und der Rauch dringt in das Territorium des anderen ein. Ähnliches gilt für den Duft eines starken Parfüms, der einen territorialen Angriff darstellt. Allerdings kann Absicht dahinter verborgen sein: Auch wenn ich längst weggegangen bin, bleibe ich noch im Raum gegenwärtig!

Wieviel von unserer Persönlichkeit zeigt sich in der eingenommenen Sitzposition?

Frauen, die sich einen besonders damenhaften Sitz angewöhnt haben, bei dem die schräggestellten Beine auf einem einzigen Zeh ruhen, erwecken eher den Eindruck, bedient werden zu wollen als einmal mit anzufassen. Die gesuchte Arbeitskraft steht mit beiden Beinen auf dem Boden. Deshalb rate ich dazu, in einem Bewerbungsgespräch auch im Sitzen mit beiden Füßen auf dem Boden zu bleiben und ihn wahrzunehmen. Ich muß spüren und signalisieren, daß ich Boden unter den Füßen habe und die ganze Sitzfläche in Anspruch nehme.

Verlangt die angestrebte Aufgabe modischen Geschmack und repräsentatives Verhalten, können elegante, aber zurückhaltende Accessoires nicht unwillkommen sein. Für Frauen ist die damenhafte Sitzposition zu empfehlen.

Wer aber auf der Stuhlkante sitzt, scheint schon zu wissen, daß er nicht lange bleiben darf, und sendet ein negatives Signal. Männer sollten wissen, daß ausgestreckte Beine keine Aktivität versprechen, sie machen unbeweglich. Wer sich ständig aus seinem Sitz erhebt, dringt symbolisch in das Territorium des anderen ein. Eine lasche Sitzposition animiert niemanden und enthält kein aktives Versprechen, auf das es in jeder Bewerbung ankommt.

Entschließt sich eine Frau, eine schmale Linie vorzuführen, um elegant zu erscheinen, entsteht das Muster einer schmalen Persönlichkeit. Auch die Rückwirkung auf sie selbst ist zu berücksichtigen. Ihre Argumente werden nicht standfest sein. Die sogenannten Waffen einer Frau sollten in der Bewerbung um einen Arbeitsplatz im Halfter bleiben. Um eine lange Zusammenarbeit zu begründen, ist Irritation kein geeignetes Mittel.

Lassen sich körpersprachliche Signale, die eine positive Wirkung erzeugen, in kurzen Worten wiedergeben?

Es gibt einige Signale, auf deren positive Wirkung wir uns verlassen können. Ich nenne drei: Als erstes den Bodenkontakt. Die Fußsohle sollte ihn fühlen, denn er gibt uns den Standpunkt. Dazu kommt als zweites die Ausgewogenheit von Nähe und Distanz. Einem Menschen, mit dem ich nicht sehr vertraut bin, komme ich nicht zu nahe. Als drittes entscheidendes Signal kommt die offene fließende Bewegung dazu, die meinen Körper locker, angstfrei macht. Es ist nämlich diese Wechselwirkung, die unser Verhalten und unsere Wirkung bestimmt. Angst versteift den Körper, und ein versteifter Körper hält die Angst fest. Die offene Bewegung entläßt die Angst und verschafft die Zuneigung des Partners.

Das Gefühl spricht

Was sollten wir über das Gefühl und seinen Stellenwert für den Menschen unbedingt wissen?

Unser Gefühl ist unser Ich zu hundert Prozent. Gedanken können wir uns leihen. Alles, was wir erfahren und empfinden, berührt zuerst unser Gefühl. Die ursprünglichen Instinkte, die ursprünglichen Bedürfnisse melden sich zuerst durch unsere Gefühle, weil sie unmittelbar durch den Körper sichtbar werden. Seine Gefühle nicht wahrzunehmen heißt, sich selbst nicht wahrnehmen zu wollen.

Warum wird in der Erziehung des Menschen mehr Wert auf die Entwicklung analytischer Fähigkeiten gelegt als auf die des Gefühlslebens?

Tatsächlich hat die Bevorzugung der digitalen Welt mit ihrer Ordnung schaffenden Rechnung, daß eins und eins zwei ergibt, die Gefühle außer Kurs gebracht. Sie scheinen in unserer Welt der ineinandergreifenden Zahnräder nicht zu passen. Warum das so ist? Gefühle sind schwer zu berechnen, weil sie nicht teilbar sind, sondern stets eine Ganzheit, eine Ganzheitsaufnahme und ein ganzheitlicher Ausdruck.

Wie läßt sich der Unterschied zwischen Gefühlswelt und digitaler Welt im Menschen beschreiben?

Nach der Theorie der beiden Gehirnhälften ist die rechte für die Aufnahme ganzheitlicher Eindrücke, die linke für detailhafte zuständig. Ohne die Hilfe der rechten Gehirnhälfte können Details, wie sie die

KEINE STÖRUNG VON AUSSEN duldet dieses genußvoll in sich geschlossene Gesicht. Die junge Frau lebt in diesem Augenblick vollständig in ihrem Gefühl, das sie ganz für sich genießt.

DAS GEFÜHL SPRICHT

DAS ZWINKERNDE AUGE SAGT: Erzählst du mir auch wirklich die ganze Wahrheit? Das offene Auge blickt wissend, aber freundlich, und der lächelnde Mund bestätigt, daß die Frage nicht ganz so ernst gemeint sein wird.

linke aufnimmt, nicht zu einem Gesamtbild zusammengefügt werden. Es würden Bruchstücke eines Bildes bleiben.

Ein vereinfachendes Beispiel verdeutlicht, welche Informationen die linke Gehirnhälfte liefern könnte. Ein Objekt, etwa 15 cm lang, weiches Material, teilt sich in fünf Kanäle, besitzt eine Hauptöffnung, die Kanäle sind unterschiedlich lang und am Ende verschlossen. Die Kette der Informationen müßte noch lange nicht zu Ende sein. Doch nur die rechte Gehirnhälfte könnte das Gesamtbild liefern: Handschuh.

Sind Gefühle der individuelle Ausdruck des Menschen?

Wenn unsere Gefühle eine Ganzheit sind, Ersterlebnisse, Erstbedürfnisse ausdrücken, dann können wir sagen: Der Mensch ist sein Gefühl. Gefühle sind unsere ganz subjektiven Empfindungen. Wir können sie nicht von anderen erwerben. Ein anderer kann sie reizen, kann sie auslösen, aber nicht konstruieren. Gefühle gehören ausschließlich dem einzelnen Individuum.

Wie läßt sich die Gefühlswelt von der digitalen Welt abgrenzen?

Indem ich sage, mein Gefühl bin ich, ziehe ich die Grenze zum digitalen System. Denn das analytische Denken besitzt eine übertragbare Logik. Kurz gesagt, es kann bei mir wie bei jedem anderen funktionieren. Solche Objektivierung geht auf Kosten der Individualität.

Kann das analytische Denken seinerseits Gefühle hervorrufen?

Zweifellos werden durch den Umgang mit Details, wie sie uns das digitale Denken liefert, Wünsche und Empfindungen geweckt. Nur gehören sie sofort wieder vollständig dem Individuum, erhalten ohne weiteres ihre subjektive Qualität.

Warum werden Gefühle in unserer Welt vielfach negativ bewertet?

Der Kampf gegen das Gefühl ist ein Kampf der Ordnung gegen das Chaos. Denn das Gefühl kann mehrdimensional sein.
Jedes gesellschaftliche System kann seine Mitglieder durch Detailbestimmungen manipulieren, durch Ordnung.

Welche Vorteile bietet eine detailgerechte Ordnung?

Ordnung macht durchschaubar, ist wiederholbar und daher verläßlich. Es kommt aber noch etwas viel Wichtigeres hinzu: Ordnung installiert eine logische, lineare Folge, so daß ich weiß, was vorher war, und ich mit großer Wahrscheinlichkeit ausrechnen kann, was kommen wird. Denn nach der Sieben kommt die Acht und nach der Acht stets die Neun. Es geht also auch um Vorhersehbarkeit. Auf diese Weise ergibt sich eine gewisse Sicherheit.

Stört das Gefühl diese Sicherheit?

Das Gefühl folgt nicht der gleichen Logik. Es läßt sich nicht planen, und nach der Neun muß keineswegs die Zehn kommen, denn das Gefühl ist kreativ. Es verspricht Überraschungen, aber keine Logik, bringt Ordnungen durcheinander und stört auf diese Weise tatsächlich alle sicheren Rechnungen. Daher haben alle gesellschaftlichen Systeme das Gefühl zu ihrem Feind erklärt.

Rückt nicht in unserer Zeit das Bedürfnis nach individueller Lebensgestaltung deutlich in den Vordergrund?

Die Sehnsucht der Menschen, nach ihren individuellen Bedürfnissen zu leben, verschafft sich heute vehement Ausdruck. Sind wir alle schon so stark sozial geprägt, daß eine Befreiung des Gefühls die Ordnung nicht gefährden würde? Wirtschaft und Industrie verlangen heute mehr Kreativität denn je.

ZWEIFEL SCHEINEN DER ZURÜCKGELEGTE KOPF und der halb geöffnete Mund anzudeuten, als sagte die junge Frau: Soll ich dir wirklich glauben? Aber ihre Augen zeigen Neugier. Vielleicht läßt sie sich doch noch überzeugen?

137

DAS GEFÜHL SPRICHT

ES RIECHT NICHT GUT, SAGT DIE GERÜMPFTE NASE, und es schmeckt mir auch nicht, sagt der verschlossene Mund. Der zurückgenommene Kopf und der zusammengezogene Blick nehmen Abstand. Mißfallen signalisieren auch Mund und Nase der jungen Frau (rechte Seite), aber die Augen und die leicht erhöhten Brauen fragen nach einem besseren Angebot.

Ist der Mensch unserer Zeit überhaupt fähig, seine Gefühle zu erleben?

Die digitale Prägung durch Erziehung und soziale Anpassung kann ein großes Hindernis sein. Hemmungen bestimmen in vielen Fällen den Umgang mit Gefühlen, weil wir sie unterdrückt haben. Hemmung ist in unserer Zeit das größte Hindernis in der Kommunikation zwischen Menschen. Wir funktionieren alle in einem pseudosicheren digitalen Sinn, und der Computer hilft uns noch dabei. Nachholbedarf haben wir im Umgang mit unserer subjektiven Gefühlswelt. Der Mensch ist durchaus fähig, seine Gefühle positiv zu erleben, wenn er sie als natürlichen Teil seines Selbst akzeptiert.

Woran wird sichtbar, daß jemand nicht auf seine Gefühle hören und ihnen nachgeben kann?

Sein Körper verrät das Manko. Er wehrt sich, er widerspricht, indem er nicht mehr funktioniert. Und Körpersprache macht diesen Widerspruch sichtbar. Denn wenn mein Gefühl etwas verlangt, das der digitale Raster von Erziehung und Erfahrung nicht zulassen will, gibt es starke Differenzen im Körper und in der Körpersprache. Muskel- und Gelenksperre sind das Resultat. Der Körper zieht in unterschiedlichen Richtungen, und der Energieverschleiß ist groß.

Soll man über Gefühle sprechen?

Ich halte es für sehr wichtig, über Gefühle zu sprechen, weil damit ein Anfang gemacht wird, Gefühle zu legitimieren. Innere Bedürfnisse werden dadurch zu Informationen, und damit ergibt sich die Chance, Antworten zu erhalten.

Wissen wir nicht sehr genau, daß Menschen am leichtesten über ihr Gefühl zu erreichen sind?

Seit in den Industrienationen für die meisten Menschen die Grundbedürfnisse wie Essen und Trinken, Kleidung und Wohnung abgedeckt sind, bleiben fast

DER FEST GESCHLOSSENE MUND deutet stets auf Ablehnung. Der Blick verrät hier nichts, aber der Mund schweigt vielsagend (linke Seite). Die junge Frau (rechts) verschließt ihre Ablehnung nicht in sich selbst, sie bläst vielmehr die Wangen auf und pustet ihr Mißfallen weg.

KOPF AN KOPF SICH GEGENSEITIG ANZULEHNEN heißt: Ich brauche dich, und auch du brauchst mich. Wir brauchen einander und wir wollen einander. Seine Hand liegt zart an ihrem Hals, und sie läßt es zu und gibt ihm damit einen weiteren Vertrauensbeweis. Denn hier ist eine ihrer empfindlichsten Stellen betroffen: Hals und Halsschlagader. Seine Hand zeigt Zurückhaltung. Er nimmt sie nicht einfach in Besitz. Dagegen blockiert sie seine besitzergreifende Bewegung mit ihrer linken Hand (rechte Seite). Ihre Augen sagen: Kann ich dir vertrauen?

nur noch Gefühlsbedürfnisse, vom beruflichen Aufstieg bis zur Weltreise, von sozialem Ansehen bis zur kulinarischen Kennerschaft, Bequemlichkeit, Prestige, Unterhaltung, Luxus. Ganze Industrien und Gewerbezweige arbeiten den Gefühlsbedürfnissen der Menschen zu. Wir sollten uns darüber klar werden und dazu stehen.

Läßt sich ein Gefühl begründen?
Gefühle erscheinen als Ganzheit, und gerade das erschwert uns rational denkenden und damit detailgeprägten Erwachsenen den Umgang mit ihnen. Ich kann sagen: Es gefällt mir! Ich kann selten sagen, warum.
Ist es aber wichtig zu wissen, warum mir etwas gefällt? Kommt der Zwang, alles erklären zu müssen, nicht auch wieder aus der digitalen Sphäre unserer Existenz? Sollte mein Kontakt mit der Umwelt nicht viel eher davon geleitet sein, diese Umwelt zu akzeptieren, als sie zu erklären?
Was für die Umwelt gelten könnte, gilt mit Sicherheit für meine Gefühle. In ihnen lebe ich.

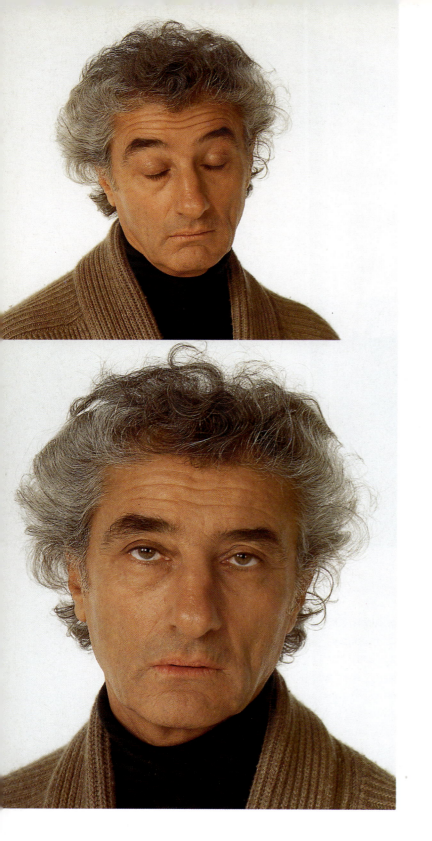

Welche Gründe kann es geben, ein Gefühl zu untersuchen, statt es zu akzeptieren?
Alles, was ich erklären kann, kann ich auch beherrschen. Diese Erkenntnis gibt uns ein Gefühl von Stärke. Immer wenn ich eine Kurskorrektur für wünschenswert halte, werde ich nach dem auslösenden Moment für ein Gefühl suchen. Sei es, daß ich es abstellen, sei es, daß ich es wiederholt empfinden möchte.
Die Angst vor dem Unerklärlichen, dem nicht Beherrschbaren steckt dahinter, als ob das Gefühl ein Dämon wäre, der von uns Besitz ergreift. Seinen Gefühlen Spielraum zu lassen, verlangt Verantwortung sich selbst und anderen gegenüber und das Wissen, sie auch dann beherrschen zu können, wenn ich sie nicht erklären kann.

Heißt Gefühle zu akzeptieren, auch Menschen zu akzeptieren?
Da ich von dem Grundsatz ausgehe, daß ich mein Gefühl bin, akzeptiere ich auch den anderen, wenn ich seine Gefühle gelten lasse.
Niemand sollte sich ständig rechtfertigen müssen, daß er so ist, wie er nun einmal ist. Es muß nicht für alles eine Erklärung geben oder einen Grund. Gefühle zu akzeptieren, muß nicht gleichzeitig heißen, Argumente zu akzeptieren: Jemand ist verärgert, das ist eine Tatsache, die ich akzeptieren muß. Warum er es ist, muß als sekundär gelten.
Wenn jemand enttäuscht ist, haben wir es auch mit einer Tatsache zu tun, gleichgültig, ob ihm etwas versprochen wurde oder nicht. Wer etwas ändern will, muß die Gefühle des anderen zuerst verstehen. Erst danach können die Tatsachen zu Wort kommen.

Müssen wir die Gefühle eines anderen wahrnehmen, oder gehen sie uns nichts an?
Wenn der Mensch uns etwas angeht, müssen wir auch seine Gefühle wahrnehmen, denn in ihnen

fühlt sich der Mensch repräsentiert. Tun wir es nicht, wird er sich selbst mit seinen Gefühlen übergangen fühlen.

Gibt es falsche Gefühle?
Es gibt keine falschen Gefühle, es gibt nur unrealistische Erwartungen. Und unrealistische Erwartungen sind das Resultat eines Gefühls. Gefühle selber sind Tatsachen, über die sich nicht diskutieren läßt. Alles, was auf mich wirkt, ist Wirklichkeit, ob kurzzeitig oder langfristig.

RESIGNATION ZEICHNET DEN GESICHTSAUSDRUCK durch fallende Linien (linke Seite oben). Die geschlossenen Augen sagen: Macht meinetwegen, was ihr wollt. Ich habe ja doch keinen Einfluß darauf. Keine Energie, die sich in Aktivität umsetzen ließe, zeigt ein Gesicht (linke Seite unten), dessen herabführende Linien Unbeweglichkeit demonstrieren und Müdigkeit. Die zusammengezogenen Augenbrauen im Gesicht oben deuten auf Konzentration, und zwar Konzentration auf ein Detail. Die Augen sind auf einen bestimmten Punkt gerichtet.

145

Die Körperteile sprechen

Spricht der ganze Körper oder sprechen seine Teile?

Ein Wort hat einen Inhalt, aber es bildet keinen ganzen Satz. In der Körpersprache ist es nicht anders: Wir bauen Sätze aus den Bewegungen verschiedener Körperteile. Jeder Körperteil hat verschiedene Ausdrucksmöglichkeiten, genauso wie Wörter sie haben, aber den Satz bildet stets der ganze Körper. Sätze können klar sein, aber auch widersprüchlich, grammatisch richtig oder falsch, keine Aussage haben und umgekehrt. Dem Körper ist es genau anzusehen, ob seine Sätze eindeutig oder widersprüchlich sind. In der verbalen Sprache bemerken wir meist schnell, ob ein falsches Wort den Satz verdreht. Aber die Beziehung zwischen den Wörtern und den Sätzen fängt viel früher an, bei jeder neuen Sprache nämlich, mit der wir umgehen wollen.

Um eine Sprache zu verstehen, müssen wir den Gebrauch ihrer Vokabeln lernen. Da die Körperteile die Vokabeln der Körpersprache sind, fragen wir nach ihrer Bedeutung und nach ihren Ausdrucksmöglichkeiten.

Die Haut

Die Haut ist unser größtes Organ.
Ist ihre Empfindlichkeit bei den Menschen unterschiedlich ausgeprägt?

Nicht nur im übertragenen Sinn gibt es Menschen, die eine dünne Haut haben. Alle Vibrationen, denen die Haut ausgesetzt ist, werden deren Konsistenz entsprechend stärker oder schwächer empfunden. Die Haut schützt sich auch selbst, zum Beispiel wenn sie an sensibleren Stellen eine Hornhaut bildet, und natürlich ist die Hornhaut eine sehr klare körpersprachliche Aussage.

Warum haben Frauen eine feinere Haut als Männer?

Männer mußten ihrem ursprünglichen Beruf als Jäger und Kämpfer entsprechend eine härtere Haut entwickeln als Frauen, die auch sensibler in ihrem Kontakt mit der Umwelt verfahren. Ihre Berührungen fallen von Natur aus leichter aus, und sie sind auch leichter berührt als Männer.

VERTRAULICHKEIT ÄUßERT SICH AUCH IN LEICHTEM HAUTKONTAKT. Unser Mann nimmt das Flirtangebot, das ihm die junge Frau mit ihrem gehobenen Arm macht, auf zarte Weise an, indem er mit dem Handrücken ihren Arm streift. Hätte er ihren Arm ergriffen, wäre eine Inbesitznahme statt einer Annäherung eingetreten.

DIE KÖRPERTEILE SPRECHEN

Wie reagiert unsere Haut auf positive beziehungsweise negative Signale?

Die Berührung, die wir als angenehm empfinden, ruft eine Ausdehnung der Haut hervor: Wir haben das Gefühl, daß unsere Haut sich entspannt, alle Poren öffnet, um die positive Wirkung ganz zu absorbieren.

Bei unangenehmen Reizen zieht sich die Haut zusammen, als versuche sie, ihre Poren zu schließen, um undurchlässig zu sein. Das erste sichtbare Zeichen dafür, daß ein Mensch sich sperrt, gegen einen Gedanken, gegen einen Vorschlag, gegen eine Gefahr, ist das Zusammenziehen der Haut, noch bevor ein Muskel sich spannt.

Warum suchen wir in Gefahr den Hautkontakt mit anderen?

Für ein Baby liegt die größte Gefahr in der Kälte. Die Mutter wärmt ihr Baby an ihrer Haut. So wie die Haut zur Wärmeregulierung des Körpers dient, überträgt sie Wärme von Körper zu Körper. Gefahrempfindung setzt die Körperwärme herab, und wir suchen sie bei anderen. Nur im Hautkontakt tauschen wir wirklich Wärme aus.

Was geschieht, wenn wir die Haut eines Menschen streicheln?

Die Haut wird zur Bewegung stimuliert. Außerdem glättet Streicheln die Haut und macht sie rezeptiver, der feine Reiz, den es ausübt, sensibilisiert die Nervenenden.

Warum streicheln manche Menschen im Gespräch die eigenen Fingerspitzen?

Sie versuchen ihr Fingerspitzengefühl zu stimulieren. Geschieht es im Rhythmus des Gesprächs, spricht dies nicht von Nervosität. Vielmehr sollen sich außer dem Verstand andere rezeptive Kanäle öffnen, damit auch das Unausgesprochene wahrgenommen wird. Dasselbe gilt, wenn jemand einen Gegenstand zwischen den Fingern dreht, einen Ro-

senkranz, eine Perlenschnur usw. Streicheln erweitert unser Wahrnehmungsvermögen.

Welche Ursache hat die Bildung einer Gänsehaut?

Die Haut wehrt sich, zum Beispiel gegen Kälte, in jedem Fall gegenüber einem Reiz, den sie als zu stark empfindet, gleichgültig, ob aus einem angenehmen oder unangenehmen Gefühl heraus. Gänsehaut bedeutet Reaktion auf intensive Reize, die wir durchaus genießen können, dennoch zeigt sie eine Grenzsituation des Empfindenden.

Lassen sich Wärmegrade angeben, die für die Gesprächssituation positiv oder negativ sind?

Allgemein wird eine etwas kühlere Zimmertemperatur von 18 – 20 Grad Celsius die Haut und damit den ganzen Menschen gespannter, wacher machen als darüber hinausgehende Wärmegrade. Ein Grad oder zwei weniger können bewirken, daß die Haut sich schließt. Schon ist der Mensch weniger rezeptiv. Bei höheren Graden entspannt sich sein Körper und die Aufmerksamkeit läßt nach.

Fällt der Haukontakt mit anderen gefühlsbetonten Menschen leichter?

Wer stärker auf sein Gefühl hört und daher ganzheitlicher empfindet, wird andere Menschen leichter akzeptieren und damit auch den Hautkontakt als der Verstandesmensch. Wer mich sympathisch findet und mich nahe an sich herankommen läßt, mit dem kann ich auch meine sachlichen Probleme besprechen. Wir berühren den anderen ja nicht allein mit der Hand, sondern auch mit dem, was wir ihm erzählen.

Welchen Stellenwert hat Körperkontakt in der Erziehung und innerhalb der verschiedenen Kulturen?

Menschen, die in ihrer Kindheit nie intensiven Körperkontakt erfahren haben, können als Erwachsene in jeder Beziehung kontaktarm bleiben. Viele Einzelkinder empfinden Körperkontakt als Aggression. Wer während seiner Erziehung ohne Berührung bleibt, gewinnt auch keine Berührungspunkte mit seiner Umwelt.

Eine Kultur, die sich der Berührung verschließt, wird mehr und mehr digitalisiert, pragmatischer und im Gefühlssinn kälter. Treffen Menschen unterschiedlicher Kulturen zusammen, kann es geschehen, daß der eine den anderen zu schnell berührt und dieser sich daraufhin noch mehr verschließt.

Was bewirken Berührungsängste?

Sie blockieren unsere Erlebnisfähigkeit. Der Mensch zieht sich auf vorhersehbare und planerisch zu bewältigende Ergebnisse zurück und schließt das überraschende und daher risikoreichere Erlebnis aus. Er vermeidet alles, was sein Gefühl intensiv berührt.

Kann der häufige Hautkontakt zwischen Eltern und Kindern negative Wirkungen haben?

Vor der geschlechtlichen Reife kann der Hautkontakt gar nicht häufig und vielfältig genug sein. Denn er vermittelt den Kindern Wärme und Geborgenheit, läßt sie den Fluß der Gefühle erleben. Berührung verhilft auch zur Wahrnehmung des eigenen Körpers. Kinder, die wenig Körperkontakt bekommen, werden es später schwer haben, den Kontakt mit der Wirklichkeit aufzunehmen. Sie werden die digitale, vorhersehbare Ordnung suchen, die zu ihrer Logik spricht, jedoch wenig Wirkung ausübt.

Auch nach der Pubertät bleibt der Körperkontakt als wichtiger Ausdruck lebendiger Zuneigung und Ermunterung, als besserer Trost als alle Worte, als eine Möglichkeit nonverbaler Kommunikation erhalten, und zwar mit durchaus positiver Wirkung. Vater und Mutter werden sich nicht scheuen, die erwachsene Tochter oder den erwachsenen Sohn in den Arm zu nehmen. Worauf sie achten sollten ist, daß ihre Berührungen nicht mehr und mehr zu bloßen Dominanzgesten verkommen.

Die Füße

Seit der Mensch gelernt hat, aufrecht zu gehen, balanciert er auf 30 qcm Grundfläche zwischen 1,50 und 2,00 m Körpergröße. Seine Füße tragen nicht nur Haut, Knochen, Muskeln und Organe, sondern mobilisieren auch die Energie, die notwendig ist, diesen Körper aufrecht zu halten, dessen Wirbelsäule sich seit der Zeit des Auf-allen-vieren-Gehens nicht verändert hat und nicht dazu geeignet ist, den ganzen Körper zu tragen.

In welcher Beziehung stehen die Füße zum übrigen Körper?

Aus der Akupressur wissen wir, daß der Fuß die Energiemeridiane verbindet, die vertikal und nicht horizontal verlaufen. Alle kommen in der Fußreflexzone zusammen, der Fuß empfängt also Informationen aus dem ganzen Körper. Tatsächlich hält der gesunde, bewegliche Fuß Kontakt mit allen Körperteilen und stimuliert sie. Der Fuß wiederum braucht sie, um richtig zu stehen. Barfuß im Sand oder über unebenen Boden zu gehen, macht solche Stimulation deutlich.

Was heißt richtig stehen?

Richtig stehen heißt wieder, daß meine Füße festen Bodenkontakt haben, daß sie am Boden haften. Über dem Fuß jedoch müssen die Gelenke locker sein, auch schon das Fußgelenk. Der Druck auf den Boden sollte die Energie wie bei einer Rakete nach oben lenken und dem Körper die Kraft zur aufrechten Haltung verleihen.

Warum wechseln Menschen häufig ihre Standposition?

Ich gehe von zwei Grundsituationen aus. Da ist zuerst die Fluchtreaktion. Jede Reibung verlangsamt die Fluchtbewegung. Deshalb ist die gesamte Körperspannung darauf gerichtet, den Bodenkontakt aufzu-

DIE KÖRPERTEILE SPRECHEN

heben. So versuchen die Füße den Boden so wenig wie möglich zu berühren. Menschen, die im realen oder übertragenen Sinn immer versucht sind wegzurennen, haben sehr wenig Kontakt zum Boden.
Wer glaubt, die Zielscheibe für andere abzugeben, versucht wegzulaufen, jedenfalls aber schnell nacheinander seinen Standpunkt zu verändern. Den anderen macht er es schwer, seinen Standpunkt zu akzeptieren. Deshalb versuchen sie, ihn festzuhalten. Da er wiederum gerade davor Angst hat, rennt er wieder weg – und immer so weiter.

Welche anderen Gründe lösen eine Fluchtreaktion aus?
Viele Menschen flüchten aus der Realität in ihre Phantasien. Sichtbar wird diese Reaktion dadurch, daß sich die Spannung ihres Körpers im oberen Bereich abspielt. Schaut man auf ihre Füße, sieht es aus, als ob sie auf Eiern gingen. Sie haben wenig Kontakt mit der Realität, stehen überhaupt nicht fest auf dem Boden. Im Sitzen hebt sich manchmal die Fußsohle vom Boden, wenn der Mensch in seiner Argumentation keine sachlichen Gründe mehr findet. Wer

DER NACKTE FUß EINER FRAU wird seit jeher als ein erotisches Signal angesehen. Trägt die Frau dazu offenes Haar, ein enges Kleid, und legt sie die Hände an ihre Oberschenkel, scheint die erotische Suggestion vollkommen (Bild links). Auch als ein Bild weiblicher Freiheit kann der nackte Fuß wirken. Die Körperhaltung spielt dabei eine entscheidende Rolle. Steht eine Frau breitbeinig, und verschließt sie ihren Körper auch noch mit verschränkten Armen, ist von erotischem Angebot keine Rede mehr (Mitte). Die Aktivitäten der Lockung bis hin zu den kokettierenden Augen (Bild rechts) wirken etwas gedämpft durch die zurückgenommene Frisur und die beschuhten Füße.

150

abends müde die Beine von sich streckt, legt sie entweder hoch, also ganz vom Boden weg, oder berührt nur noch mit der Fersenkante den Boden. Ihm sollte man nicht mit konkreten Fragen kommen.

Was heißt genau Bodenkontakt?

Es ist die Art, wie einer Standpunkte vertritt. Das ist in der Tat ein sehr bildhafter Begriff. Man tritt auf einen Punkt. Darin kommt das Bewußtsein zum Ausdruck, nicht weglaufen zu müssen und daher sein ganzes Gewicht auf den Füßen vereinen zu können.

Mehr noch: Jeder, der kämpft, braucht Bodenkontakt, damit man ihn nicht wegschiebt. In allen asiatischen Kampfsportarten wird der feste Standpunkt trainiert, aus dem heraus der Schlag erfolgt.

Wer seinen Standpunkt optimal vertreten will, steht fest auf dem Boden. Es läßt sich lernen, sein ganzes Gewicht auf einen Standpunkt zu verlagern, ohne die daraufliegenden Muskeln und Gelenke zu sperren.

Heißt Standpunkte zu vertreten, auf seinem Standpunkt zu verharren?

Im Gegenteil. Wer richtig steht, muß auch in der Lage sein, einen Standpunkt wieder zu verlassen.

RAUMBEANSPRUCHUNG MUSS NICHT AGGRESSIV SEIN.
Die junge Frau links nimmt breitbeinig ihren Platz ein, wirkt aber nicht kämpferisch, weil sie nicht gleichmäßig auf bei- *den Beinen steht. Dagegen nimmt sie im rechten Bild nur engsten Raum in Anspruch, ihre Arme hängen herab. Mit gerader Kopfhaltung scheint sie auf Befehle zu warten.*

Das heißt, daß bei jedem festen Bodenkontakt die Fußgelenke frei bleiben müssen. Das ist etwas anderes, als vor jedem Standpunkt wegzulaufen, wobei die Füße nie einen Bodenkontakt etabliert haben.

Gibt es einen idealen körperlichen Standpunkt?

Das brave Kind steht mit geschlossenen Füßen. Es hat Bodenkontakt, kann sich aber nicht frei bewegen. Dazu müßte es einen Fuß aus dieser Stellung befreien. Ein guter Ausgangspunkt ist es, mit beiden Beinen beckenbreit zu stehen. Diese Stellung läßt Bewegung zu. Breiter als beckenbreit zu stehen, signalisiert schon Verteidigung und Territorialkampf und erschwert den Wechsel des Schwerpunkts. Damit macht es uns immobil, physisch und gedanklich.

Welche Bedeutung hat die Fußspitze?

Zeigt die Fußspitze stark nach außen, ist der Mensch stets an Nebeninformationen interessiert. Er kennt sein Ziel, das gerade vor ihm liegt, macht aber einen Umweg, um besser informiert zu sein. Auf dem Weg zum Chef macht er bei der Sekretärin halt, um von ihr zu hören, wie der Chef gelaunt ist. Seine Energie ist nicht optimal zielgerichtet, aber er glaubt leichter ans Ziel zu kommen, wenn er sich über Nebenschauplätze informiert. Allerdings kann ihn auch jeder andere, der das weiß, benutzen, indem er ihn mit Information füttert, die er auf den Weg bringen will.

Zeigt die Fußspitze nach innen, übernimmt sie die Funktion einer Bremse. Wer auf diese Weise einwärts geht, kann im Oberkörper ganz und gar aufgeschlossen wirken. Kommt es jedoch zum ersten Schritt, blockiert er sich selbst. Wir haben es mit einem Zauderer zu tun, der in dem Konflikt zwischen Wollen und Fortschritt steht.

Ist auch die Brust verschlossen, läßt sich auf Introvertiertheit, auf Gehemmtheit oder auf Verzicht schließen. Denn nun fehlt zum Fortschritt, zum Fortschreiten auch noch der Wille.

DIE KÖRPERTEILE SPRECHEN

Worin liegt die Beweglichkeit der Fußstellung?

Die Beweglichkeit kommt erst mit der Bereitschaft, einen Standpunkt zu verlassen. Dazu tun wir den ersten Schritt. Immer muß ich erst einen Fuß vom Boden lösen. Wer in einem Gespräch die Bereitschaft ankündigt, einen weiteren Schritt zu tun, wird seinen Standpunkt oder seine Position lockern. Die Möglichkeit, sich in Bewegung zu setzen, wird angedeutet.

Hat es eine Bedeutung, ob jemand als Standbein sein linkes oder sein rechtes Bein einsetzt?

Wer auf dem linken Bein steht, wird in diesem Augenblick mehr vom Gefühl bestimmt, pendelt er auf dem rechten Bein, ist er mehr vom Kalkül bewegt. Während eines Gesprächs können wir also auch das innere Pendel eines Partners beobachten. Es wechselt. Gefühl heißt auch in diesem Fall ganzheitliches Wahrnehmen, Kalkül dagegen die Konzentration auf Details. Schlägt das Pendel zu rasch aus, werden wieder einmal keine Standpunkte etabliert. Mein Gesprächspartner wirkt unsicher. Er kann sich zwischen dem, was sein Gefühl ihm sagt, und dem, was sein Verstand verlangt, nicht entscheiden.

Was sagen die Stehgewohnheiten über einen Menschen aus?

Schon im Stehen zeigt sich, wo jemand auf seiner Fußsohle steht, das heißt, wo er seine Balance etabliert. Wer seinen Schwerpunkt mehr auf seine Fersen legt, ist reserviert. Der Körper wird in dieser Haltung etwas zurückgelehnt sein. Auch wenn er den Impuls zu gehen empfängt, kann er erst mit Verzögerung starten. Er muß seine Balance erst zur Mitte bringen, bevor er einen Fuß entlastet oder mit dem Ballen aufsetzt. Wer auf den Fersen steht, braucht eine Pufferzone, er riskiert nicht gern, weder Kapital noch Wissen noch Position, kurz alles, was er erworben hat.

Wer ständig auf dem Ballen steht, neigt zu schnellen Reaktionen. Mit jedem Impuls bewegt sich der Körper nach vorn. Er reagiert schnell, aber häufig unüberlegt. Optimale Balance zeigt der Stand zwischen Ballen und Ferse an. Wir erkennen daran ein ausgeglichenes Temperament.

Erkennt man einen selbstbewußten Menschen an seinem Gang?

Der selbstbewußte Mensch setzt auch mit seinem Gang Standpunkte. Er wird nie rennen, sondern jeden Schritt so bemessen, daß seine Füße genug Zeit haben, Bodenkontakt zu nehmen, bevor sie ihn wieder verlassen. Er läßt sich nicht schieben, er erdet sozusagen seine Energie, statt sie entfliehen zu lassen.

Bedeutet Gehen immer ein Risiko?

Jeder Fortschritt bringt neue Optionen und unbekannte Risiken. Doch ohne Schritt auch kein Fortschritt. Ist schon das Aufrechtstehen ein Balancespiel ungewöhnlicher Art, wie viel mehr die Fortbewegung. Nur wer seiner Kräfte sicher ist, kann den Fortschritt ohne weiteres akzeptieren. Wer Angst hat, wer nur kommerziell denkt, klammert sich an Standpunkte. Mit jedem Schritt meistern wir Balanceprobleme. Wer gut balanciert geht, zeigt auch Selbstsicherheit und die Fähigkeit, Probleme zu meistern.

DER AUSGESTRECKTE ZEIGEFINGER des Mannes scheint nach der Frau zu stechen. Auch wenn er nur mit Argumenten sticht, gefällt ihr das gar nicht. Der Körper der Frau ist nach rückwärts gerichtet, sie steht auf der Ferse und hält die Arme gekreuzt. Ihr rechter angehobener Fuß scheint die Rede des Partners bremsen zu wollen.

DIE KÖRPERTEILE SPRECHEN

Manche Menschen hacken beim Gehen mit den Fersen auf den Boden. Was sagt das aus?

Wer deutlicher auf den Fersen als auf den Ballen und Zehen geht, markiert den Boden. Er ist der Eroberer, der das Land mit dem Hacken markiert, das er gewonnen hat. Er setzt Zeichen. Der Landwirt und jeder, der ein Stück Land markiert, hackt mit den Fersen auf den Boden. Wer heute so geht, steckt kein Land mehr ab, will aber anerkannt wissen, was er erreicht hat.

Was bezeichnet den Menschen, der auf den Ballen geht?

Wer auf den Ballen geht, geht weicher, hinterläßt keine Spuren, geschweige denn ein Zeichen. Es sind dies die Menschen, die weiterkommen wollen, ohne Aufmerksamkeit auf sich zu ziehen. Sie meiden die Konfrontation. Es ist der Typ der »grauen Eminenz«, nachgiebig und kompromißbereit, er findet die Lücke, um voranzukommen, während die anderen noch diskutieren.

Werden durch Gehen auch geistige Schritte ausgelöst?

Viele Leute gehen im Zimmer herum, während sie diskutieren oder über ein Problem nachdenken, Vorstellungen entwickeln. Durch das Gehen werden Reize frei, und auch das Auge wird wechselnden Reizen ausgesetzt. Wer im Rhythmus des Herzschlags hin- und hergeht, empfängt neue Reize in einer Bewegung, die ihm angemessen ist, so daß er sie auch verarbeiten kann.

Läßt sich der Gedankenstrom körperlich anhalten?

Wer die Gedankenbewegung stoppen will, um erst einmal das Empfangene zu verarbeiten oder niederzuschreiben, was ihm gerade eingefallen ist, braucht nur seine Schritte anzuhalten und sich einen Standpunkt (womöglich im Sitzen) zu suchen, um Ruhe zu finden.

Hört einer nicht auf, sich zu bewegen, dann gibt er sich selbst keine Zeit, um seine Gedanken zu etablieren und von einem Gedanken zum anderen fortzuschreiten. Nervöse Menschen bewegen sich arhythmisch. Der Yogi versucht durch Meditation sogar seine Atembewegung zu reduzieren. Er sitzt bewegungslos, um volle Ruhe zu gewinnen: das Gegenteil von Erstarrung.

Die Knie

Wie erleichtern die Kniegelenke den Übergang von Stehen zu Gehen?

Die Kniegelenke sollten in einer leichten Spannung stehen, jedoch nicht gesperrt sein. Denn sonst werden sie zu Hindernissen, da sie auch eine Federungsfunkion haben. Wir sprechen von Trotzhaltung, wie wir sie bei Kindern mit durchgedrückten Knien sehr gut beobachten können, wenn sie sich nicht von der Stelle rühren wollen. Bei Erwachsenen nennen wir es auch Prinzipienreiterei.

Was signalisieren schwache Knie?

Wir kennen die Formulierung »Mir werden die Knie weich«. Weiche Knie sind Ausdruck von Angst. Weiche Knie deuten auf eine Schwäche körperlicher oder emotionaler Art. Die Fähigkeit zu gehen oder zu handeln setzt aus, ohne daß der Körper blockiert ist. Der Mensch ist für den Augenblick zwar rezeptiv, beeinflußbar, kann aber selbst keinen Schritt tun. Es ist eine Vorstufe zur Ohnmacht. Auch in einem stark emotionalen Zustand, wie es zum Beispiel die Verliebtheit ist, vermischt sich das positive Gefühl mit Angst: Wie wird der andere auf mich reagieren? Typisch ist dieser Zustand für jemanden, der unerwartet der geliebten Person gegenübersteht.

156

KLEINE SCHRITTE (Bild links) sehen wir bei Menschen, die dem Detail zuneigen. Sie nehmen ungern Risiken auf sich, sondern erobern Schritt für Schritt ihr Terrain. Auch ein größerer Schritt (Bild rechts) muß nicht dynamisch sein. Bei beiden hängen die Arme herab. Es gibt kein Versprechen, zu handeln.

DAS BECKEN GALT IN ALLEN KULTUREN ALS TABUZONE. Wer sein Becken zurückhält wie die junge Frau (Bild links), wird Tabus grundsätzlich respektieren, ebenso Spielregeln und Konventionen. Sie gerät hier ein wenig außer Balance, denn beide Arme gehen gleichzeitig etwas nach vorn. Leicht nach hinten gestellt erscheint der Körper bei der Frau im rechten Bild. Sie geht mechanisch, fast wider Willen.

Wie läßt sich der Schritt definieren?

Der Schritt schafft eine Verbindung zur Umwelt und zum Boden. Ich muß das Vertrauen haben, daß der Boden dazu da ist, mich zu tragen. Es ist mein Recht, ihn mit jedem Schritt zu belasten. Wer etwas erreichen will, muß die Umwelt, seinen Realitätsboden also, mit seinen Bedürfnissen und Wünschen belasten. Nur auf diese Weise entsteht eine Wechselwirkung.

Die Beine

Um zu gehen, benutzen wir die Beine. Sie können dem Impuls folgen oder sich weigern.

Wann weigern sich unsere Beine, zu gehen?

Die Beine verweigern den Dienst aus Schwäche, aus Unsicherheit, aus dem Zwiespalt von Pflicht und Gefühl: Das muß ich machen, aber ich will es nicht! Die Weigerung der Beine überträgt sich auf die obere Körperhälfte.

Wenn wir jemanden schieben, tun wir es aus den Schultern. Wenn unsere Beine uns den Dienst versagen, schieben wir uns selbst aus den Schultern heraus. Wer etwas ungern tut, schiebt sich auf diese Weise nach vorn. Das geschieht ganz unbewußt. Manche Menschen sind so sehr daran gewöhnt, einen Schubs zu bekommen, vom Vater, vom Lehrer, vom Vorgesetzten, daß sie ihn geradezu brauchen. Fehlt der Druck, stellen sie ihn künstlich her und machen einen Termin zuviel aus.

Wie dokumentiert die Körpersprache den Vorgang, daß die Füße gehen wollen, aber etwas im Menschen widerspricht der Bewegung?

Wer eine Konfrontation scheut, in die er gehen muß, nimmt seinen Körper zurück. Die Schultern gehen nach hinten und die Füße laufen dem Körper voraus. Wird der Brustkorb zurückgehalten, heißt das, ich setze nicht meine ganze Energie ein.

Wir gehen zwar mit den Füßen, aber die anderen Körperteile spielen mit. Wie zum Beispiel?

Schiebt sich die Brust beim Gehen nach vorn, heißt es, daß meine Energie, mein Ehrgeiz mich nach vorn ziehen. Mein Ich will weiter voraus sein, als es mein Schritt erlaubt.

Der Neugierige schiebt den Kopf vor. Schieben wir aber den Kopf nach vorn, senkt sich automatisch die Brust. Meine Energie ist eingeschränkt, aber mein Kopf will kommunizieren, er zieht den Körper nach. Der bloß Neugierige kann den Kopf sogar wieder zurückziehen und behaupten: Ich war gar nicht da!

Was läßt sich aus der Schrittlänge ablesen?

Ein ruhiger, in sich ruhender Schritt kommt aus dem Stand. Das Schwungbein geht so weit, wie es, ohne die Balance zu gefährden, gehen kann. Dann wird das Schwungbein zum Standbein, und dieses übernimmt dessen Rolle.

Wird der Schritt kleiner, wird die ruhige Selbstsicherheit gegen eine vergewissernde Gangart gewechselt. Schritt für Schritt wird der Boden der Realität abgetastet. Menschen, die ihr Zutrauen von der Kenntnis von Details abhängig machen, gehen mit kleineren Schritten. Vielleicht brauchen sie ja mehr Zeit, um die gleiche Strecke wie der Selbstbewußte zurückzulegen, dafür aber machen sie weniger Fehler.

Der große Schritt überspannt die Balance. Mit dem Schwungbein, das in der Bewegung zu weit ausgreifen will, wird das Standbein aus seiner Position herausgerissen, bevor das Schwungbein selbst wieder Stand gewonnen hat. Das heißt, daß der Weg fortgesetzt werden muß. Es gibt kein Halten. Risikofreudige Menschen gehen so. Details erscheinen ihnen als Hindernis auf dem als richtig oder erfolgversprechend erkannten Weg.

Und wer mit den Füßen kickt, als stoße er einen Ball von sich weg, delegiert gern oder schiebt Probleme von sich weg.

WER GLAUBT, DETAILS HALTEN IHN AUF, macht große Schritte. Wenn aber ein Arm nur ab dem Ellbogen in Bewegung ist, soll der Körper geschützt werden und die Handlungsbereitschaft ist herabgesetzt (Bild links). Mit viel Schwung und großen Schritten zu gehen (Mitte) heißt zugleich, schwer zu bremsen zu sein. Seine Entscheidungen, ob gut oder schlecht, lassen sich nicht aufhalten. Wenn er Energie einsetzt, will er das Maximum erreichen. Der enge Rock (Bild rechts) hemmt den großen Schritt nicht. Ihre Haltung aber zeigt leichte Zurückhaltung. Sie überspringt zwar Details, aber sich selbst hält sie zurück.

160

DIE DYNAMIK DES GROSSEN SCHRITTS wird abgebremst, wenn jemand wie hier den Fuß im Gehen stark von der Ferse hebt. Er weiß, sein großer Schritt überspringt Details, und das könnte zu Fehlern führen. Deshalb bremst er sich im letzten Augenblick immer wieder selbst: Letzte Kontrolle vor dem nächsten Schwung.

DIE KÖRPERTEILE SPRECHEN

Man sagt: Wer langsam geht, kommt auch zum Ziel. Was bedeutet Schritt-Tempo?

Manche Menschen gehen sehr schnell. Es ist schwer zu entscheiden, ob sie zu etwas hinrennen oder vor etwas weglaufen. Eines ist sicher: In ihrer Geschwindigkeit geben sie niemandem die Möglichkeit, sie zu kritisieren.

Auf der anderen Seite verpassen sie auch jedes Lob. Deshalb bleibt ihnen immer eine gewisse Unzufriedenheit oder Frustration. Man kommt zum Ziel, versäumt aber das Umfeld. Jemand, der sich schön weiß, würde nie schnell durch einen Saal eilen. Denn niemand hätte die Möglichkeit, seine Schönheit wahrzunehmen und zu bewundern. Wer sich präsentieren will, wählt den langsamen Gang. Persönlichkeit und Gestalt eines Menschen können nur dann wirken, wenn er den anderen Zeit läßt, seine Ausstrahlung zu empfinden.

Was sagt ein schleppender Gang über den Menschen aus?

Wer den Boden vor sich herschiebt und die Füße schleppt, errichtet künstliche Hindernisse, als würde er eine Ausrede suchen, warum er etwas nicht tut. Er mobilisiert nicht genug Energie, um vorwärts zu kommen, weil er keine klaren Entscheidungen treffen kann. Auf seine Weise gehört er zu den Verneblern, vor allem sich selbst gegenüber. Manche wissen leichte Erfolge nicht zu schätzen, sie brauchen eine äußere Beschwernis.

Im Sitzen können die Füße den Boden leichter verlassen als im Stehen, wo es bei der Andeutung bleibt. Was verrät uns diese Fußstellung?

Sehr fest auf dem Boden der Tatsachen steht einer, dessen Füße auch im Sitzen mit der ganzen Sohle auf dem Fußboden bleiben. Dazu gehört allerdings auch eine aufrechte Sitzhaltung. Das Gesäß nimmt seinen Platz auf der Sitzfläche voll in Anspruch, rutscht nicht nach vorn.

Sobald die Füße den Boden verlassen, signalisieren sie eine Entfernung von der momentanen Realität. Ganz typisch ist die Bewegung eines Menschen, der nach einem langen Arbeitstag die Beine von sich streckt. Wir sagten schon, daß dies kein günstiger Augenblick ist, ihn auf ein Problem anzusprechen. Er will jetzt nicht mit der Realität konfrontiert werden. Tut der andere es doch, wird er sich wahrscheinlich wieder aufrichten, seine Füße werden den Bodenkontakt aufnehmen, aber seine Stellungnahme wird von der ihm zugefügten Ruhestörung negativ beeinflußt sein.

Es gibt jedoch einen Trick. Ein Angebot, das ihn interessiert, holt ihn aus seiner entspannten Stimmung, er richtet sich freiwillig auf. Wird die Fußsohle vom Boden gelöst, so ist das immer ein kleiner Abschied von der Realität.

Gilt die Formel vom Abschied von der Realität auch mitten in einem Gespräch oder einer Verhandlung?

Sie gilt in allen Situationen, kann im Einzelfall zusätzliche Bedeutung gewinnen. Der rechte Fuß knickt zur Seite und gibt die Sohle frei, wenn einem die stichhaltigen Argumente ausgehen. Wir sagen zu Recht: Er verliert den Boden unter den Füßen. Der linke Fuß verläßt den Boden, wenn ein Gefühlsanspruch abgewehrt werden soll.

Ist das Übereinanderschlagen der Beine ein negatives Signal, weil wir uns damit verschließen?

Ich sehe es nicht so negativ. Das Übereinanderschlagen der Beine stärkt zum Beispiel die Rückenmuskulatur. Eine auftretende Müdigkeit wird dadurch überwunden. Außerdem kann die Unterhaltung in dieser Stellung erleichtert werden, denn sie signalisiert die Aufhebung der vollen Konzentration. Gefahr ist nicht im Verzug: ein Fuß verläßt den Boden. Ist mit dem Übereinanderschlagen der Beine eine Richtungsänderung des Körpers zur Seite verbun-

163

DIE KÖRPERTEILE SPRECHEN

den, kann sich darin die Intention, wegzugehen, manifestieren – vielleicht nicht physisch, aber weg vom Thema.

Läßt sich eine Regel dafür aufstellen, wie man richtig sitzt?

Eine einheitliche Regel gibt es nicht, denn das richtige Sitzen hängt von der jeweiligen Situation und Funktion ab. Wir können aber davon ausgehen, daß es positiv wirkt, wenn einer den Sitz voll in Anspruch nimmt und seinem Körper Bewegungsfreiheit bewahrt, ohne zu zappeln. Wer zappelt, sitzt unbequem und fühlt sich unbequem. Er findet seine Position nicht. Wer auf der Stuhlkante sitzt, wirkt unsicher. Er hat das Gefühl, der Sitz ist ihm nicht gegönnt, er müsse ihn sowieso gleich wieder aufgeben. Andererseits ist er auf dem Sprung, bereit, sofort den Platz aufzugeben, um irgend etwas schnell zu erledigen, oder auch, weil seine Funktion es so verlangt. Damit gibt es also ein negatives und ein positives Motiv, wie es häufig im körpersprachlichen Ausdruck zu finden ist.

Warum sollen wir die Fuß- oder Kniespitze im Gespräch nicht direkt auf den Partner richten?

Die Regel gilt immer noch. Denn die potentielle Aggression, die in dieser Haltung liegt, wird auch in unserer Zeit stark empfunden.

DIE HANDRÜCKEN NACH VORN KEHREN (1) heißt, sich »durchzuschaufeln«. Hauptsache, die Aufgabe ist schwer! Wirft eine Hand Probleme hinter sich (2), hakt sie das Getane gern ab. Wenig Information ist bei vorgezeigtem Handrücken und unbeweglich hängenden Armen (3) zu erwarten. Sicherheit vor allem signalisiert die schützende rechte und die Distanz schaffende linke Hand (4). Bewegungsfreiheit für sich selbst soll die rechte Hand schaffen, ohne persönliche Haftung. Er hält alles weg vom eigenen Körper (5). Verantwortung lastet schwer auf dem gebeugten Nacken (6).

Welche aussagekräftigen Konstellationen ergeben sich, wenn beide Partner ein Bein über das andere schlagen?

Werden die Beine bei nebeneinander sitzenden Partnern so übereinandergeschlagen, daß die Kniespitzen aufeinander weisen, wird die Kommunikation gehemmt, weil sich die beiden Kontrahenten nur noch über die kalte Schulter hinweg unterhalten können. Ergibt sich im umgekehrten Fall eine Öffnung, weil die übereinandergeschlagenen Beine in verschiedene Richtungen zeigen, bilden sie nach außen sogar noch eine Barriere. Das Gespräch findet in einem geschützten Raum statt. Parallelität der Bewegung zeigt eine gewisse Solidarität.

165

DIE KÖRPERTEILE SPRECHEN

EINEN FUSS VOR DEN ANDEREN SETZEN, um wie auf einer geraden Linie zu gehen, entsprach dem Bild der eleganten Frau der fünfziger Jahre. Die Aussage aber war: Als Frau habe ich nur eine schmale, kostbare, aber unsichere Spur. Ich brauche die starke Schulter des Mannes. Dabei stellte sie sich immer selbst ein Bein: rechts und links, Ratio und Gefühl stolpern übereinander.

Was bedeutet es, wenn jemand die Füße unterschlägt, also auf seinen Beinen hockt?

Deutlicher kann man die Realität nicht verlassen. Nicht nur wird der Bodenkontakt aufgegeben, er ist auch nur unter Anstrengung wiederzuerlangen. Wer auf seinen Beinen sitzt, möchte eine längere Reise ins Reich der Phantasie antreten. Vertrauen und Wohlbefinden ist die Voraussetzung für diese außergewöhnliche Position. Wie bei Mutter und Kind, die auf dem Fußboden spielen.

Wie beeinflussen Sitzpositionen die Kommunikation?

Die Bewegungen des Oberkörpers sind von der Sitzposition abhängig. Setze ich meine Füße weit vor, richtet sich der Oberkörper nach hinten. Ich kann Zuneigung auf diese Weise nicht anschaulich machen, sondern erwarte, daß der andere sie mir entgegenbringt. Stehen meine Beine gerade oder sind sie ein wenig zurückgenommen, fällt die Zuneigung leicht.

Menschen, die sich im Gespräch zur Seite neigen, weichen aus, und zwar auf die Ratio- oder die Gefühlsseite, je nachdem, ob sie sich nach rechts oder nach links beugen. Sie bleiben rezeptiv, möchten aber nicht klar Stellung nehmen.

Wer von ihnen jetzt eine Stellungnahme erwartet, wird immer enttäuscht werden. Von ihnen werden wir immer Antworten hören wie: »Interessant, darüber müssen wir einmal reden ...« Sie müßten bewegt werden, sich vorher aufzurichten, damit sie überhaupt in der Lage sind, eine sachliche, zielgerichtete Aussage zu machen.

Vielleicht läßt sich der rezeptive, aber handlungsunfähige Partner dazu bringen, wenn ihm ein Drink angeboten wird. Hat man eine aktive Position eingenommen, wird man auch Stellung nehmen können, ja, die Haltung wird es von ihm verlangen. Denn wir bestimmen nicht nur unsere Haltung, unsere Haltung bestimmt auch unser Tun.

DAS AUSGE-STRECKTE BEIN als Provokation. Weit wagt sich der junge Mann (links im Bild) ins Territorium des anderen. Aber der läßt es sich widerstandslos gefallen. Seine innere Müdigkeit zeigt sich auch darin, daß er seinen Kopf stützen muß. Oder sucht er etwa nach einer bißkräftigen Antwort?

Das Becken

Im Becken konzentriert sich die Schwerkraft des Körpers. Es ist ein reales Zentrum, die Verbindung von Oben und Unten. In allen alten Kulturen ist es mit positiven wie auch negativen Tabus belegt. Negativ, weil es der Ort aller Ausscheidungen ist, positiv, weil es der Ort des Gebärens ist, der Sitz von Sexualität und Energie.

Hat die kulturbedingte Tabuisierung des Beckens Einfluß auf Haltung und Bewegung des Menschen?

Es kommt darauf an, ob das Becken freigesprochen oder für schuldig befunden wird und deshalb gezähmt werden muß. Diese Zähmung hat häufig ein Verkrampfen der Beckenmuskulatur und des Unterleibs sowie der Leisten zur Folge, was den Atemfluß behindert. Wenig Bewegung heißt wenig Blut, wenig Blut heißt wenig Wärme. Wer sein Becken zähmt, es also zurückzieht, respektiert Tabuzonen auf allen Ebenen. Auch traditionelle Werte wie Freundschaft, Kameradschaft und Treue haben für diesen Typ einen hohen Stellenwert. Ist die Beckenpartie beweglich, gilt für sie, was für alles Körperliche gilt: der Energiefluß ist ungestört.

Was hat es zu bedeuten, wenn das Becken vorgeschoben wird?

Wird das Becken nach vorn geschoben, wird die Brust zurückgenommen. Die Wirkung ist provokativ, als wollte einer sagen: Bitte, bediene dich, aber ohne mich. Man sieht es häufig bei Mädchen in der Pubertät, die das sexuelle Interesse der Männer entdecken, damit zwar kokettieren, aber doch lieber nicht mitspielen wollen. Allgemein gesehen ist es die

167

DIE KÖRPERTEILE SPRECHEN

Haltung von Menschen, die gern um der Diskussion willen diskutieren. Es ist eine Form des alten Ja-Nein-Spiels. Ergebnisse sind nicht beabsichtigt.

Wird es immer noch als erotisches Signal aufgefaßt, wenn eine Frau mit dem Becken schaukelt?

Tut sie es (was der modernen Frau, die sich ihrer selbst bewußt ist, nicht einfallen würde), wird es als erotisches Signal wirken oder als solches verstanden, auch wenn es nicht so gemeint ist. In diesem Fall legt sie ein Angebot ins Schaufenster, das sie gar nicht verkaufen will.

Was kann die Taille über einen Menschen aussagen?

Es gibt eine auffallende Schwäche der Taille. Manche Menschen knicken in der Taille ein. Die Stabilität zwischen Oben und Unten hat aber einen Einfluß auf die ganze Person, weil damit die geistige Welt, die Welt der Abstraktion, mit der unteren, der materiellen Welt, der Triebwelt, koordiniert wird.

Menschen mit solchen Taillenschwächen wirken leicht unsicher, können ihre Entscheidungen oft nicht bis zu Ende durchsetzen. Die Energie weicht mit dem Oberkörper zurück. Ihre Rückenmuskulatur ist zu schwach, als daß sie ihre Mitte finden und stabilisieren könnten. Sie empfinden vieles als schlichtweg unerträglich.

Der Brustkasten

Unser Brustkasten ist mit Herz und Lungen unser Energiespeicher.

Warum schlägt das Herz des Verliebten schneller?

Das Herz hat als Organ, obwohl es an der linken Seite, der Gefühlsseite, sitzt, nichts mit Liebe zu tun.

Jede Erregung, ob positiv oder negativ, stimuliert den Herzschlag. Der Kreislauf wird angeregt, was uns erstens aktiviert und uns zweitens ein Gefühl von Wärme gibt.

Sind die gefüllten Lungen ein körpersprachliches Signal?

Wenn wir die Lungen voll Luft pumpen, uns also Sauerstoff zuführen, wächst auch unsere Energie und die Ausstrahlung von Vitalität. Flaches Atmen setzt die Spannung herab.

Wird ein energiegeladener Mensch mit geschwellter Brust auftreten?

Wie jedes Imponiergehabe zielt die geschwellte Brust auf Effekt. Wer so daherkommt, will sich unbedingt beweisen. Dabei zieht ihn der aufgeblasene Ballon seiner Brust vom Boden weg. Er verliert den Bodenkontakt und wirkt nur noch angeberisch: eine Werbung ohne Ware. Nur solange der Bodenkontakt bewahrt bleibt, ist ein geweiteter Brustkorb ein Zeichen von Kraft.

Was signalisiert das Stauen von Luft im Brustkorb?

Es deutet auf Bereitschaft, Aufgaben zu übernehmen. Wer es sich allerdings zur Gewohnheit macht, sich mit der auf diese Weise gehobenen Brust zu präsentieren, macht den Eindruck von Beflissenheit. Er wird vom anderen bald als lästig empfunden, wenn der überhaupt keinen Auftrag vergeben will. Die Haltung wirkt meist verkrampft, weil der Luftstau nicht bis zu Ende abgebaut wird.

Wann halten wir den Atem an?

Alles, was uns in Zweifel setzt, in Unsicherheit, oder was uns vor eine Entscheidung stellt, läßt uns den Atem anhalten. Auf einen Zuhörer, der gleichmäßig ein- und ausatmet, während ich rede, habe ich meine Wirkung verfehlt, Hält er den Atem für den

DYNAMIK UND ZIELBEWUSSTSEIN drücken nicht nur sein Blick und der aktive Brustkorb sowie das starke Kinn aus, sondern vor allen Dingen die Hand, die zwischen Daumen und Zeigefinger ein Lot am senkrecht verlaufenden Faden zu halten scheint. Er zeigt mit dieser Bewegung seine Forderung nach Präzision. Die Gefühle stecken in der Tasche.

Bruchteil einer Sekunde an, heißt das, er denkt über meine Worte nach. Hier fällt die Entscheidung: Nehme ich den Gedanken an oder weise ich ihn zurück. Auch vor der scheinbar unwichtigen Entscheidung: Nehme ich diesen oder jenen Mantel, halten wir für einen Augenblick den Atem an. Wir verordnen uns diesen Stillstand, um entscheiden zu können: Brauche ich noch mehr Luft oder kann ich ausatmen?

Welche Impulse gehen von einer natürlichen, unverkrampften Haltung des Brustkorbs aus?

Der Klang der Stimme verstärkt sich, Schultern und Schulterblätter lockern sich. Die Handlungsfähigkeit wird erhöht. Die Körperhaltung schafft Mobilität und ermöglicht den freien Fluß des Atems.

Worauf beruht die negative Wirkung einer eingefallenen Brust?

Ein Mangel an Sauerstoff macht sich bemerkbar und damit trägt die Stimme nicht. Der Mensch erweckt den Eindruck, als wolle er nichts abgeben von dem, was er besitzt, auch das nicht, was er uns eigentlich anbieten will. Es entsteht das archaische Bild von einem Tier, das seine Beute für sich allein verzehren will.

Welche Wechselwirkungen gehen von der eingefallenen Brust aus?

Schultern und Arme sind unmittelbar betroffen. Bei eingefallener Brust hängen sie herab. Die Armbewegungen fallen sehr schmal aus, denn für eine weite Bewegung der Arme müßte sich auch die Brust weiten. So aber wird immer der Eindruck von mangelnder Energie entstehen, so ungerechtfertigt er auch sein mag.

Warum nehmen viele Frauen ihren Busen bewußt zurück?

Der weibliche Busen wirkt nach wie vor als erotisches Signal. Und da Männer, wie wir wissen, auf Details reagieren, zieht ein natürlich hervortretender Busen ihre Aufmerksamkeit als ein unbewußtes Genußversprechen auf sich. Das eben wollen Frauen vermeiden. Es geschieht allerdings auf Kosten ihres allgemeinen Energieversprechens, da es in der Wirkung der eingefallenen Brust gleicht. Steht die Frau aufrecht, ohne ihren Busen zu verstecken, und entspricht ihre Haltung einer selbstbewußten Aussage, signalisiert sie Gleichberechtigung und Unterschied.

Der Bauch

Der weiche Teil unseres Mittelkörpers gehört zu den Körperregionen, die wir instinktiv schützen.

Signalisiert der ungeschützte Bauch Angstfreiheit?

Je offener jemand seinen Mittelkörper zeigt, um so selbstbewußter, vertrauensvoller ist er. Auch der Beweglichkeit kommt es zugute, denn wir schützen den Bauch normalerweise mit den Armen, schließen uns also selbst ein und machen uns handlungsunfähig. Die offene Haltung ermöglicht eine Wirbelrotation, die den ganzen Körper beweglich macht.

Wer zu einem anderen sagt: »Wie, du vertraust mir nicht«, wird seine Arme öffnen und Brust und Bauch ungeschützt zeigen. Damit ist ausgedrückt, daß er als Freund kommt und erwartet, daß der andere nicht sein Feind ist.

Dagegen fällt es schwer, jemandem Zutrauen entgegenzubringen, der sich hinter einer Barriere verschanzt.

Wie komme ich einem anderen vertrauensvoll entgegen?

Tatsächlich erweckt derjenige Vertrauen, der dem anderen sozusagen seinen weichen Bauch ausliefert. Wer seitwärts, also mit den Schultern voran, zu einem Partner tritt, isoliert ihn und sich. Jedenfalls hält er Distanz. Mit jeder Abwendung werden andere Optionen wahrgenommen, der Sicherheitsabstand zum Partner wächst. Wenden wir dem Partner unseren Mittelkörper zu, so wird diese Zuwendung zu Zuneigung und zu größerer Nähe führen. Je näher mir der andere kommt, um so mehr Vertrauen drückt er damit aus und fordert er auch von mir.

Was bedeutet es, wenn ein Verhandlungspartner dem anderen immer näher rückt?

Erstens versucht er Dominanz und Territorialgewinn zu erreichen, und zweitens will er persönliche Sympathie und Akzeptanz durch physische Nähe erzwingen. Denn wenn einer nicht mehr über Argumente Zustimmung erreichen kann, versucht er Druck auszuüben und wird immer näher rücken: Du mußt mich und damit auch meine Meinung akzeptieren! Zuneigung wird dann als unangenehm empfunden, wenn sie aufdringlich wird. Und wir empfinden sie als aufdringlich, wenn wir sie nicht akzeptieren wollen.

Zeigt sich Zusammengehörigkeit durch körperliche Nähe?

Auf jeder Konferenz läßt sich beobachten, wer wem nahesteht, wo die Informationen schnell und vertraulich fließen.

Zum sogenannten »engeren Kreis« gehören Leute, die nahe beieinander stehen. Wer Vertrauliches austauscht, steht nahe beieinander. Ein Liebespaar sucht den Körperkontakt miteinander, steht sich also nahe. Und vertraute Partner trennen sich in Gesellschaft, finden jedoch wie an Drähten gezogen wieder zusammen. Bei Kindern ist die Zusammengehörigkeit mit den Eltern oft daran zu sehen, daß sie zwar umherlaufen, aber mit irgendeiner Nachricht oder einem Gegenstand zu Vater oder Mutter zurückkehren, um sich ihres Schutzes und ihrer Nähe zu versichern.

Hals und Nacken

Welche Bedeutung hat der Nacken für den Bewegungsablauf?

Das Wichtigste ist seine Fähigkeit, den Kopf zu drehen. Es ermöglicht uns den Überblick. Wieder kommt die Beweglichkeit ins Spiel. Denn sind Kopf und Nacken beweglich, signalisieren sie die Offenheit, Informationen zu empfangen. Menschen mit beweglichem freiem Nacken sind nach allen Richtungen hin offen. Sie suchen nicht nur das Bekannte und Vertraute, sondern auch das Fremde.

Zeigt der steif gehaltene Nacken Reserviertheit?

Ein steifer Nacken zwingt den Menschen auf eine schmale Spur. Ein Stiernacken gibt das richtige Bild: Der spanische Kampfstier in der Arena ist groß und hat einen wenig beweglichen Nacken. Er erscheint dem Publikum sehr gefährlich. In Wahrheit ist er weniger gefährlich als der kleinere mexikanische Stier mit seinem beweglicheren Nacken: der ist wendiger und läßt sich nicht so leicht auf eine Spur fixieren. Menschen mit steif gehaltenem Nacken werden einer Linie folgen. Für den Gesprächspartner ist das ein wichtiger Hinweis.

Scheuklappen waren eine notwendige Einrichtung, damit Zugtiere geradeaus und nicht im Zickzack ihrem Ziel entgegenliefen. Menschen mit steif gehaltenem Nacken brauchen Ziele, das heißt, sie sind nicht von Natur aus eng und stur, aber sie brauchen ein Ziel, um effektiv zu sein. Alles, was links und rechts am Weg liegt, betrachten sie als Ablenkung.

Was sagt eine aufrechte, gerade Haltung von Kopf und Nacken körpersprachlich aus?

Diese geradlinige Haltung ergibt eine Hab-acht-Position: Ich stehe gerade für das, was ich sage. Ich halte mich an meine Ziele. In vielen Kulturen, auch

DIE KÖRPERTEILE SPRECHEN

in der deutschsprachigen, wird diese Haltung wegen der Zuverlässigkeit, die aus ihr spricht, sehr geschätzt, obwohl man sie auch schmalspurig nennen könnte. Nach dem Kodex dieser Anschauung ist jedes Ausweichen negativ besetzt. Kompromisse gelten als zweifelhafte Methode. Konfrontation ist angesagt, es sei denn, man akzeptiert die angebotenen Ziele.

Vermeiden wir Konfrontation, indem wir den Nacken und damit den Kopf neigen?

Indem wir den Kopf seitlich neigen, weichen wir der Konfrontation ein wenig aus. Es zeigt, daß einer bereit ist, auch Nebenwege zu beschreiten. Außerdem ist diese Neigung des Nackens das bekannte Signal, mit dem Vertrauen angezeigt und eingefordert wird, indem die Halsseite freigemacht wird: Du könntest mich beißen, wirst es jedoch nicht tun, weil ich dir Vertrauen entgegenbringe. Auch Anlehnungsbedürfnis kann sich in dieser Geste ausdrücken. Wer Vertrauen erwecken will, wird es kaum in der Konfrontationshaltung gewinnen. Deshalb neigen wir leicht den Nacken, übrigens auch, wenn wir Verständnis zeigen wollen. Denn es fällt jedem Menschen leichter, einen Fehler zuzugeben, ein Problem darzustellen, wenn ihm Verständnis signalisiert wird.

Wie verändert die seitliche Neigung des Nackens den Ausdruck des Körpers?

Jede Veränderung, jede Bewegung eines Körperteils wirkt auf die übrigen Körperteile. Wir besitzen ein Kommunikationsnetz, das ganzheitlich funktioniert und das durch Wechselwirkung besteht. Mit der Neigung das Nackens verändert sich der Blick, es verändert sich die Stimme. Die Stimme klingt weicher, und auch das Auge tut sich schwer, streng zu blicken. Strenge funktioniert zwar bei gesenktem Nacken, aber nicht bei seitlicher Halsneigung. Sie signalisiert stets Aufnahmebereitschaft sowie den Appell an gegenseitiges Vertrauen.

Unter welchen Umständen wird der Nacken steifer?

Jede Empfindung von Gefahr und schon ein kleines Mißtrauen gegenüber unserer Umgebung versteift den Nacken. Die innere Anspannung löst die Versteifung aus, weil die Konzentration aller Sinneswahrnehmungen auf den vermeintlichen Gefahrenpunkt gefordert ist. Es ist der Nacken, der den Kopf bewegt. Meine Frau hat mir immer gesagt: »Du bist der Kopf, das Haupt der Familie. Ich bin nur der Hals, aber ich bewege dich, wohin ich will.« Der ursprüngliche biologische Grund, mit dem Nacken jede Bewegung zu sperren, damit sich alle Sinneswahrnehmungen auf die potentielle Gefahr konzentrieren, liegt darin, daß ein Nebengeräusch meine Aufmerksamkeit ablenken und mein Leben kosten könnte.

Heute sehen wir im Gespräch, wie sich der Nacken unseres Partners plötzlich versteift. Wir können sicher sein, daß er eine Gefahr, einen schwachen Punkt in unserer Argumentation entdeckt hat. Löst sich die Spannung, neigt sich sein Nacken, ist er für uns gewonnen.

Wie lassen sich Menschen beurteilen, deren Nacken permanent gespannt bleibt?

Sie haben kein Vertrauen zu ihrer Umgebung, sehen überall Gefahr, konzentrieren sich übermäßig auf Details und geben selten nach. Ein Nachgeben erscheint ihnen als Schwäche. Solche Menschen leiden häufig unter Kopfschmerzen, denn ihr Nacken bleibt gespannt, die Blutzirkulation ist behindert.

Wer das Kinn hebt, legt den Hals frei. Welche Wirkung geht von dieser Bewegung aus?

Wir empfinden diese Bewegung leicht als Provokation, denn sie sagt sehr deutlich: Ich habe keine Angst vor dir, also kann ich dir ungeniert meinen ungeschützten Hals zeigen. Und automatisch schaut der Blick auch noch von oben herab.

Senkt sich das Kinn, um die Halspartie zu schützen?

Indem sich der Kopf senkt, geschieht zweierlei: der Hals, ein hochempfindliches Körperteil, wird geschützt, und der harte Schädel rückt in Kampfposition. Wir haben es mit einer Verteidigungshaltung zu tun. Auch bei bloßem Hinunterschauen ergibt sich diese Verteidigungsstellung. Die Augen können den Gegner nicht sehen. Der Körper schirmt sich ab.

Was kann es bedeuten, wenn jemand im Gespräch die Hand an den Hals legt?

Wer im Gespräch eine Hand an den Hals legt, was oft bei Frauen zu beobachten ist, hat im Moment bemerkt, daß er etwas nicht weiß oder nicht formulieren kann. Eine Schwäche soll verdeckt werden, also wird die Halspartie geschützt. Für Margaret Thatcher war diese Geste typisch während ihres ersten Regierungsjahrs. Als sie zur Eisernen Lady geworden war, verschwand diese Bewegung zum Hals.

Männer streichen in der gleichen Situation gern ihren (symbolischen) Bart oder greifen sich hinten in den Nacken: Wer fällt mir in den Rücken, wenn ich Schwäche zeige?

Die Schultern und der Rücken

Der Mensch trägt große Lasten auf seinen Schultern oder auf seinem Rücken, weil er da starke Muskeln hat.

Welches Signal geben die breit und frei getragenen Schultern?

Befreite, gerade gehaltene Schultern signalisieren ganz einfach: Ich trage keine Last, und zwar physisch wie psychisch. Alles, was den Menschen bela-

stet, drückt auf die Schultern, krümmt den Rücken, als trüge er eine schwere Last. Droht uns Gefahr, ziehen wir den Kopf ein. Die Schultern werden angehoben. Und da in westlichen Kulturen Nichtwissen von der Schulzeit an »unter Strafe steht«, ist uns diese Bewegung als Verteidigungshaltung in Fleisch und Blut übergegangen.

In unserer Gesellschaft tragen nur noch wenige Menschen physische Lasten; was beugt den Rücken?

Eine der für unsere Zeit typischen Belastungen heißt Verantwortung. Sie ist mit Erwartungen verknüpft, die viele Menschen nicht erfüllen zu können glauben, und das bedrückt sie. Es kommt darauf an, wie der einzelne seine Verantwortung sieht. Ich sage gern: »Ich *habe* Verantwortung, andere *tragen* Verantwortung.« Die Einstellung überträgt sich sichtbar auf das körperliche Befinden. Wer belastet ist, dessen Bewegungsfreiheit reduziert sich. Wir kommen immer wieder darauf zurück, daß die Beweglichkeit des Körpers einen beweglichen Geist spiegelt. Wer schwer trägt, ist auch schwer ansprechbar. Der abgerollte, gebeugte Rücken zwingt den Körper nach unten. So werden die Bewegungen von Hals und Armen erschwert. Die Kommunikation ist reduziert und streng zielgerichtet. Wir finden diese Haltung bei vielen Menschen, die Verantwortung tragen und Aufgaben übernehmen wollen.

Warum lieben es manche Menschen, belastet zu sein?

Es kann ein anerzogenes Rechtfertigungsbedürfnis dahinterstecken: Ein ehrlich verdientes Brot muß ein schwer verdientes Brot sein. Leicht verdienter Erfolg gilt fast schon als unmoralisch. Überall in der Natur gilt dagegen das Gesetz, Energie zu sparen. Nur der Mensch glaubt, es sei besser, und das heißt moralischer, ein Ergebnis mit mehr Krafteinsatz und Mühe zu erreichen, als dazu notwendig wären.

Was bedeutet es, jemandem die kalte Schulter zu zeigen?

Einem Partner die Schulter entgegenzuhalten statt sich ihm mit dem Mittelkörper zuzuwenden, bedeutet Ablehnung. Außerdem ist die kalte Schulter eine unbewegliche Schulter. Der Arm bleibt leblos, zeigt kein Signal von Geben und Nehmen. Und wer über die Schulter spricht, redet wie über eine Mauer hinweg. Die Blockierung der Bewegung kann zu psychosomatischen Erscheinungen führen. Die Verweigerung der Bewegung kann bis zur Lähmung des Armes gehen.

Inspiriert eine lockere Schulter die Bewegung?

Eine blockierte Schulter läßt Bewegungen des Ellbogens und des Handgelenks zu, legt aber alle weiteren und damit weiten Bewegungen lahm. Daher ist die lockere Schulter Voraussetzung für einen fließenden Bewegungsablauf. Die Arme können nur bei lockeren Schultern Raum gewinnen.

Wie bemerken wir Lockerheit oder Blockierung der Schultergelenke bei einem Partner?

Schon beim Händeschütteln spürt man Lockerheit oder Blockierung. Blockiert der andere, läßt er niemanden an sich herankommen und kommt auch

WER SICH SELBER STREICHELT, GEFÄLLT SICH SELBST. Wir kokettieren alle. Die Bewegung, mit der sich einer hier über das Haar fährt, ist eine Suggestionsbewegung: Habe ich es etwa nicht verdient, gestreichelt zu werden? Der seitliche Blick unter den hochgezogenen Augenbrauen stellt die stumme Frage nach der Wirkung.

niemandem entgegen. Seine Hand bleibt inaktiv, ist nicht bereit zu handeln.

Auch eine geöffnete Hand wirkt nur positiv, wenn die Gelenke beweglich bleiben, denn nur so ist sie frei, zu handeln. So wirkt die Freiheit der Schultergelenke auf den Ausdruck von Händen und Armen.

Der Kopf

Wie wichtig ist der Gesichtsausdruck in der Körpersprache? Müssen wir ihn wichtiger nehmen als andere Signale?

Wenn wir mit einer anderen Person kommunizieren, fällt unser erster Blick auf das Gesicht. Und da alle Sinneswahrnehmungen im Kopf zusammenlaufen, gibt uns das Gesicht eine Vielfalt von Empfindungen als Information. Zugleich wissen wir jedoch, daß der Mensch, der uns täuschen will, das zuallererst mit seiner Miene, seinem Gesichtsausdruck versucht: Das falsche Lächeln, die falsche Freundlichkeit wird über das Gesicht dargestellt. Insofern fällt es leichter, den Widerspruch an den Signalen des übrigen Körpers zu entdecken, denn sie lassen sich weit weniger beherrschen als die des Gesichtsausdrucks.

Welche Funktionen bringt der Kopf als Körperteil aus der Evolution des Menschen mit?

Solange die Vorfahren des Menschen noch auf allen vieren gingen, war der Kopf ein Körperteil, das nach vorn gerichtet war und wie eine Lokomotive den übrigen Körper hinter sich herzog. Unser starker Schädel erinnert daran. Jedenfalls gilt seit Urzeiten das Gesetz, daß der übrige Körper dem Kopf folgt. So ist es noch heute, obwohl wir jetzt auf zwei Beinen gehen und den Kopf oben tragen. Die Kopfbewegung bestimmt die Bewegungen der übrigen Körperteile.

DIE KÖRPERTEILE SPRECHEN

Wegen ihrer Ausdrucksfähigkeit sind wir von Gesichtern angezogen oder abgestoßen. Was macht Kindergesichter so anziehend?

Kleine Kinder besitzen im Verhältnis zu ihrem gesamten Körper einen größeren Kopf als Erwachsene, und sie haben große Augen. Die wecken unseren angeborenen Fürsorge- und Beschützerinstinkt. Die Tierwelt macht es uns vor: Die kleinen Körper mit den großen Augen lösen den Fütterinstinkt der Eltern aus.

Heute nutzt die Werbung diese naturgegebenen Instinkte. Ein Musterbeispiel ist der Welterfolg der Teddybären mit ihrem dicken Kopf. Die großen Augen haben Bambi und Mickymaus erfolgreich gemacht.

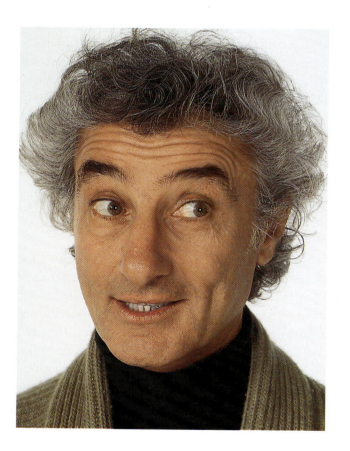

Nehmen wir ein Gesicht in der Regel als Ganzes wahr oder in seinen Details?

Wenn nicht ein Detail beherrschend hervorsticht, nehmen wir Gesichter rechtshemisphärisch, also ganzheitlich wahr. Das Gesicht ist von einem großen Netz Muskeln gebildet, die voneinander abhängig sind. Jede Bewegung eines Muskels beeinflußt das gesamte Netz.

Sind unsere beiden Gesichtshälften gleich?

Wir wissen, daß sie es nicht sind. Man braucht nur einmal eine Gesichtshälfte abzudecken, um festzustellen, daß uns da ein anderer Mensch anschaut. Das heißt aber auch, daß sich unser Streben nach Symmetrie nicht im Gesicht abbildet. Indem wir uns ein Ganzheitsbild vom Gesicht des anderen machen, akzeptieren wir seine Vielfalt.

Es gibt charakteristische Kopfbewegungen bei jedem Menschen. Was sagt ein gesenkter Kopf und einer, der sich häufig zur Seite neigt?

Wer den Kopf senkt, schützt seine vordere Halspartie, zugleich versenkt er sich in sich selbst. Wer den Kopf zur Seite neigt, gibt, wie schon besprochen, eine Halsseite frei. Er signalisiert Zutrauen. Die Nackenmuskeln sind locker, und das heißt: Ich kann dir vertrauen; ich lehne meinen Kopf symbolisch an deine Schulter.

Was bedeutet es, wenn der Kopf sich in aufrechter Haltung nach einer Seite dreht?

Es zeigt die Interessensrichtung an. Das heißt, mein Interesse wechselt in eine andere Richtung. Geht mein Blick zum Fenster, möchte ich wahrscheinlich lieber draußen sein als drinnen. Geht mein Blick zu anderen Personen, möchte ich mit denen Kontakt aufnehmen, geht er zum gedeckten Tisch, habe ich Hunger.

Jedenfalls zeigt die Richtungsänderung an, daß es mich in eine andere Umgebung zieht.

VOLLES AKTIVES INTERESSE drückt das Gesicht dieser jungen Frau aus. Die Gesichtsmuskulatur ist gespannt, der Mund halb, die Augen ganz geöffnet unter gehobenen Augenbrauen. Sie wartet auf eine Antwort, aber nicht passiv, sondern ermunternd suggestiv. Der Blick des Mannes auf der linken Seite fragt eher kokett. Wie immer bei seitlichen Blicken wird Konfrontation ausgeschlossen. Das ist nie ganz ernst gemeint.

DER DIREKTE BLICK KONFRONTIERT DEN PARTNER. Die gerade Kopfhaltung der Frau (linke Seite) verstärkt diese Wirkung, während ihr leicht seitlich gehender Blick sie wieder abschwächt. Ihre Nasenflügel sind geweitet, was auf Erregung deutet. Nicht nur Gewürze, auch jede Anregung berührt unseren Geruchssinn. Die Erwartung erhöht die (hier positive) Spannung. Auf dem Bild oben verhindert der offene Stellungswinkel der beiden Partner die Konfrontation. Sie schützt sich zwar mit den Armen, aber ihr seitlicher Blick läßt Hoffnung auf Annäherung zu, das heißt, sie ist noch nicht bereit, sich zu öffnen.

179

DIE KÖRPERTEILE SPRECHEN

Welche grundsätzlich positiven und negativen Signale gehen von unserem Gesicht aus?

Führt die Bewegung der Gesichtsmuskulatur nach oben, wie beim Lächeln oder Lachen, stellt sich eine positive Wirkung ein. Die fallende, nach unten ziehende Bewegung wirkt negativ, sie steht für Müdigkeit, Anspannung und Energieverlust. Das eingefallene Gesicht signalisiert Krankheit und Schwäche.

Auge und Ohr

Was sagen die Augen?

Die Augen nehmen als Informationsträger eine absolute Sonderstellung ein. Jeden Augenblick finden sie eine Fülle von Informationen.

Wie hat sich im Laufe der Evolution die Sonderstellung der Augen beim Menschen herausgebildet?

Solange die Vorfahren des Menschen auf allen vieren gingen, den Kopf voran trugen, folgte der Körper dem Kopf. Als der Mensch sich den aufrechten Gang erworben hatte, um den freien Gebrauch der Hände zu erreichen, übernahmen die Augen die Leitfunktion. Seitdem bewegt sich der Körper natürlicherweise dorthin, wohin die Augen gerichtet sind. Dort liegt sein Ziel, seine Nahrung, sein Feind, im positiven wie im negativen Fall der Schwerpunkt seines Interesses.

Läßt sich eine körperliche Bewegungsfolge von diesem Grundsatz ableiten?

Immer wenn die Augen sich in eine neue Richtung bewegen, folgt der Kopf automatisch der Augenbewegung. Dem Kopf folgen Hals, Schultern, Rumpf. Es läßt sich ganz leicht ausprobieren: Wenn wir mit den Augen zur Seite schauen und unsere Muskulatur nicht künstlich bremsen, gelangen wir von selbst

in eine Rotation. Nur wenn wir die Bewegung der anderen Körperteile blockieren, können wir die Augen in eine andere Richtung bewegen, ohne daß der Körper folgt.

Warum ist die Blockierung der übrigen Muskulatur nötig, um den Augen allein eine Richtungsänderung zu erlauben?

Der Körper weigert sich, systemgebunden wie er ist, in eine Richtung zu gehen, in der er nichts sieht. Versuchen Sie einmal, die Augen nach rechts zu wenden und den Kopf nach links! Sie werden spüren, wie der Nacken sich versteift. Es ist eine Warnung, nicht gegen die natürliche Logik zu verstoßen.

Wie kommt es, daß wir so oft einen seitlichen Blick bei Menschen beobachten, obwohl er gegen das Bewegungssystem verstößt?

Wer den Kopf gewöhnlich geradehält und nur mit den Augen seitlich schaut, leidet an einer zu großen Spannung des Nackens. Psychologisch geht es um ein Versteckspiel. Diese Menschen wollen nicht verraten, daß sie sich physisch oder gedanklich in eine andere Richtung bewegen möchten.

Auch der geneigte Kopf, der im normalen Fall Zutrauen signalisiert, ändert seine Aussage bei seitlichem Blick.

Der geneigte Blick der Madonna ist für uns der Inbegriff des Vertrauens. Würde er seitlich nach oben gehen, reagierten wir mit Irritation.

Der geneigte Kopf mit den seitlich hinaufschauenden Augen gehört dagegen zweifellos zum Flirt. Und die gehobenen Augenbrauen sagen: Ich bin interessiert, mehr über dich zu erfahren. Es ist ein Interesse ohne Verpflichtung.

Was bedeutet es, wenn sich die Augen plötzlich weiten?

Eine plötzliche Veränderung des Auges ist immer ein Alarmzeichen, die Reaktion auf Gefahr. Das Gefühl,

180

mehr sehen zu müssen, bringt den Körper in eine höhere Spannung. Plötzliches Interesse reagiert auf Gefahr oder Genuß.

Wie wirkt der konzentrierte Blick auf den übrigen Körper?

Der konzentrierte Blick blockiert den Nacken. Die Möglichkeit, nach rechts oder links zu schauen, soll ausgeschaltet sein. Wenn die Augen sich beispielsweise zu einem Drohsignal zusammenziehen oder auch nur ein starkes Interesse beweisen, dann spannt sich der Nacken. Die Bewegungsfreiheit ist eingeschränkt. Denn das Interesse sollte nur auf ein Ziel gerichtet sein.

Lockern sich Blick und Nacken genauso miteinander, wie sie sich konzentrieren?

Es läßt sich gut beobachten, wie Augen und Nacken eines Anbietenden oder Bewerbers sich gleichzeitig lösen, wenn wir sein Angebot oder seine Bewerbung akzeptieren. Eines geschieht nie ohne das andere. Denn solange noch Unklarheiten bestehen, wird er mehr sehen wollen, und die Augen werden sich weiten, oder er wird den Blick konzentrieren, um den Punkt zu finden, an dem der andere Anstoß nimmt. In beiden Fällen bleibt der Nacken angespannt.

Kann der Blick täuschen?

Wenn ich nicht erkennen lassen will, daß mein Interesse sich auf etwas anderes richtet als auf meinen Gesprächspartner, führe ich den Blick zwar von ihm weg, blockiere aber den Nacken, damit der Kopf dem Auge nicht folgt. Es ist der Spannung erzeugende Widerspruch, der mich verrät.

Was bedeutet es, einem anderen in die Augen zu schauen?

Mit dem Blick in die Augen zwinge ich den anderen zu einer Stellungnahme. Deshalb werden Ausweichmechanismen, kleine Vernebelungen, Blinzeln, ein langer Lidschlag, ein ausweichender Blick eingeschaltet, die alle nichts anderes bedeuten als die Verdrängung.

Kann man sich durch Wegsehen der Stellungnahme entziehen?

Es genügt schon, kurz zur Seite zu schauen, um die Konfrontation aufzulösen. Immer wenn ich mich nicht zu einer Entscheidung zwingen lassen will, werde ich wegsehen. Ich brauche gar nichts zu sagen, denn die Bewegung schafft Tatsachen.

Vermeide ich durch mein Wegsehen auch, daß der andere Stellung nimmt?

Mein Wegsehen erschwert es ihm, Stellung zu beziehen, da er meine Stellungnahme erwartet. Daher geht mein Blick seitwärts, wenn ich nachts auf der Straße Schritte hinter mir höre. Würde ich mich umdrehen und den anderen mit meinem Blick konfrontieren, würde ich ihn zur Stellungnahme zwingen. Er muß denken, daß ich Stellung beziehe, vielleicht indem ich zusteche oder schieße.

Gilt dieses Verhalten auch im normalen Alltag, in einer Verhandlung oder in einem Gespräch?

Wir müssen uns tatsächlich von der tradierten Vorstellung trennen, jemand, der uns nicht in die Augen sieht, habe etwas zu verbergen, müsse einfach ein schlechtes Gewissen haben. Nein, er will oft ganz einfach eine Stellungnahme vermeiden.

Warum gilt es in unserer Kultur als negativ, wenn einer uns nicht in die Augen schaut?

Die Erziehung besetzt es negativ. Ich habe davon gesprochen, wie die Schule bereits von jedem Kind verlangt, daß es auf Fragen antwortet, statt Fragen stellen zu dürfen. Daraus ergibt sich die ideale gesellschaftliche Forderung: Der Mensch hat zu wissen, hat sich zu beweisen, hat dementsprechend zu handeln und Stellung zu beziehen.

DIE KÖRPERTEILE SPRECHEN

Kann es auch positiv wirken, wenn ich einem Gesprächspartner nicht in die Augen schaue?

Es kann sogar ratsam sein, den anderen in gewissen Momenten nicht zu einer Stellungnahme zu zwingen. Hebt man den Blick auf, der ihn konfrontiert, kann diese Bewegung ihn aus einem Zwang befreien und wir haben es mit einem gelösten Gesprächspartner zu tun.

Wie reagiere ich auf einen Partner, der es nicht fertigbringt, mir in die Augen zu sehen?

Nehmen wir als Beispiel einen gewissenhaften Mitarbeiter, der seinem Vorgesetzten aber nicht in die Augen sehen kann, obwohl er nichts zu verbergen hat. Er verweigert mit dieser Haltung lediglich die Übernahme von Verantwortung, denn das würde ihn zu einer klaren Stellungnahme zwingen. Der Vorgesetzte tut gut daran, sich danach zu richten. Sagt er ihm zum Beispiel: »Die Ware muß um vier Uhr beim Kunden sein!«, so wüßte der Mitarbeiter einen Berg von möglichen Hindernissen aufzubauen, an denen der Auftrag scheitern könnte. Denn alles, was ihn festnagelt, ihm Verantwortung aufbürdet, ist für ihn angsterregend. Der Auftrag: »Bringen Sie die Ware möglichst schnell zum Kunden!«, macht ihm dagegen keine Schwierigkeiten. Versichere ich ihm außerdem, daß ich die Verantwortung übernehme, wird er sich gewissenhaft an die Arbeit machen. Wer sich ständig auf Vorschriften beruft, tut dies natürlich auch, um selbst keine Verantwortung auf sich zu laden.

Auf welche Ursprünge läßt sich der direkte Blick in die Augen zurückführen?

Wir müssen davon ausgehen, daß der direkte Blick stets auch Konfrontation bedeutet und auf Territorialkampf zurückgeht. Das erste Drohsignal senden meine Augen. Die alten Regeln des Territorialkampfes drücken sich in der Haltung von Sieger und Besiegtem aus. Wer seinen Gegner mit offenem Blick konfrontiert, erhebt Anspruch auf dessen Territorium. Wer den Blick senkt, unterwirf sich.

In welcher Form sind diese Gebärden des Territorialkampfes heute noch sichtbar?

In den Formen der Höflichkeit erscheinen sie wieder. Die Verbeugung vor unserem Gast symbolisiert sein Recht, in unser Territorium einzudringen.

Wie wird der direkte Blick in die Augen innerhalb anderer Kulturen bewertet?

In afrikanischen Volkskulturen war der Blick in die Augen zwischen gleichgestellten Männern erlaubt. Vor dem Höhergestellten wich der Blick aus, aber nicht nach unten, sondern seitwärts. Viele Weiße haben diese Bewegung fälschlicherweise als Ablehnung interpretiert. Dabei wurde hier dem Gast Höflichkeit erwiesen: Ich verzichte auf den Kampf um mein Territorium.

Warum war es den Frauen in der islamischen Welt nicht erlaubt, einem Mann in die Augen zu sehen?

Die Frauen in der islamischen Welt hatten und haben Rechte nur innerhalb ihres Hauses und keine Territorialrechte in der sozialen Welt. Das war der Grund, warum sie dem Mann nicht in die Augen sehen durften. Denn damit hätten sie in den Territorialkampf eingegriffen. In unserem Kulturkreis wird der Vorgesetzte, den sie als Respektsperson begreifen, ihren abgewendeten Blick als schlechtes Gewissen auslegen, obwohl sie lediglich nach dem Kodex ihrer Kultur handeln. Das ist der Punkt, an dem Körpersprache zur Fremdsprache wird.

Wie kann ich eine Irritation meines Gesprächspartners vermeiden, die durch die Abwendung meines Blicks entsteht?

Wir kommen häufig in die Situation, über eine Entscheidung nachdenken zu wollen, und wir müssen

182

uns dazu aus der Konfrontation mit dem Partner lösen. Wir wissen jedoch, daß jedes Ausweichen oder Abwenden ihn zwangsläufig irritiert. Für die notwendige Pause gibt es nur eine Bewegungsrichtung, nämlich die nach unten. Jeder versteht das Signal: Ich möchte mich nicht entfernen, nicht einmal ausweichen, sondern mich kurz in mich selbst versenken. Niedergeschlagene Augen wirken in der Regel positiv. Schüchterne Menschen wirken ja nicht unsympathisch, es sei denn, sie übertreiben ihr Verhalten.

Ist der berühmte Augenaufschlag überhaupt anders zu erreichen?

Jedenfalls signalisiert er die Frage, ob der andere noch da sei – hoffentlich. Und die Frage überführt das eigene Interesse. Denn ist der andere immer noch da, obwohl ich mich selbst zurückgezogen habe, läßt sich schon daraus auf sein Interesse schließen.

Welchen Zustand offenbart der umherirrende Blick?

Immer spricht Angst aus einem Blick, der durch ständige Richtungsänderung richtungslos zu sein scheint. Der unstete Blick macht es nicht nur dem Gegenüber schwer, den anderen zu durchschauen. Wer seinen Augen diesen Tanz zumutet, bringt seinen Nacken in Dauerspannung, ermüdet dadurch schneller, unterbricht immer wieder den Fluß seiner Gedanken und nimmt sich selbst die Chance, verstanden zu werden.

Welche Rolle spielt die Veränderung des Blicks in einem Gespräch?

Wie in allen anderen Fällen schafft Bewegung Aufmerksamkeit. Geben wir den Augen einen kleinen Druck und mit diesem Druck eine Erweiterung des Blicks, beweisen wir Interesse. Lassen wir die Augen rollen, stimulieren wir uns selbst und unser Gegen-

über meist positiv. In dem Moment, in dem das Auge einen Impuls erhält, spüren wir, wie unser ganzer Körper unter Spannung kommt. Und darin liegt wieder ein Versprechen auf Aktivität. Ein glanzloses, unbewegliches Auge kann niemanden stimulieren. Die besten Argumente nützen mir nichts, wenn meine Augen kein Erlebnis versprechen.

Was sagen die Augenbrauen?

Die Funktion der Augenbrauen ist der Schutz vor Blendung, Staub und Schweiß. Körpersprachlich sind sie voller Ausdruck. Solange sie ruhen, geschieht auch im Auge wenig. Die Ringmuskulatur der Augen schließt die Augenbrauen mit ein. Sobald uns etwas interessiert, heben sich die Augenbrauen. Sie versuchen sozusagen die Ringmuskulatur auszuweiten und damit den Horizont unserer Blicke: Darüber möchte ich mehr erfahren!

Warum heben Mütter stets die Augenbrauen, wenn sie mit ihrem Baby sprechen?

Erstens sind auch hier die gehobenen Augenbrauen ein Zeichen größter Aufmerksamkeit, und zweitens wird mit dem Hochziehen der Brauen automatisch die Stimme höher und erreicht die erwünschte positive Wirkung beim Kind.

Was bedeutet es, wenn nur eine Augenbraue hochgezogen wird?

Es heißt, daß ich mehr wissen will, jedoch davon ausgehe, nur die halbe Wahrheit zu erfahren. Die eine hochgezogene Augenbraue ist immer ein Zeichen der Skepsis, während das Hochziehen beider Brauen Überraschung und positive Aufmerksamkeit signalisiert.

Können hochgezogene Augenbrauen auch aggressiv wirken?

Der Zusammenhang der Muskelbewegungen läßt es nicht zu. Wenn ich Informationen suche, gleichgül-

DIE KÖRPERTEILE SPRECHEN

tig, zu welchem Zweck, kann ich nicht gleichzeitig beißen. Solange meine Augenbrauen hochstehen, ist meine Aggression gehemmt.

Der Gesichtsausdruck, und das ist wichtig, stimuliert und blockiert Gefühle, und dies äußert sich wiederum im Gesichtsausdruck. Hören, Sehen, Schmecken, Fühlen ergeben zwangsläufig eine Bewegung der Gesichtsmuskulatur.

Warum zupfen Frauen ihre Augenbrauen schmal?

Auch das Zupfen der Augenbrauen hat – abgesehen von Modephasen – damit zu tun, Aufmerksamkeit zu demonstrieren. Unter den sozialen Spielregeln der Männerwelt vergangener Zeiten wußten sich die Frauen vom Mann abhängig. Es war wichtig, ihm das Gefühl zu geben, daß er im Zentrum ihres Interesses stand. So viel Energie, ständig die Augenbrauen hochzuziehen, wollten und konnten Frauen auch wieder nicht aufbringen, und so schufen sie sich durch das Auszupfen der Augenbrauen zu einer schmalen gespannten Linie den Ausdruck permanenter Aufmerksamkeit. Die Wirkung blieb.

Wirkt das Zusammenziehen der Augenbrauen in jedem Fall bedrohlich?

Als Verengung des Blicks, die mit dem Zusammenziehen der Augenbrauen verbunden ist, spricht dies von Konzentration auf Details. Die Geste erscheint bedrohlich, weil sie uns aus Erfahrung mißtrauisch erscheint und wir fürchten, bei Fehlern ertappt zu werden

Welche Wirkung geht von unbeweglichen oder zusammengewachsenen Augenbrauen aus?

Wer seine Augenbrauen aus naturgegebenen Gründen nicht bewegen kann, wirkt kalt oder interesselos, ohne es zu sein. Er wird sein Interesse durch Ersatzbewegungen wahrnehmbar machen. Zusammengewachsene Augenbrauen verursachen eine

ähnliche Wirkung. Hier fällt es leicht, durch einen kosmetischen Eingriff Abhilfe zu schaffen.

Geht von der vergrößerten Pupille der Augen immer eine positive Wirkung aus?

Es sind stets angenehme Stimulationen, unter deren Einfluß sich die Pupille erweitert. Wer einer anderen Person in die Augen sieht und eine Vergrößerung der Pupille feststellt, wird leicht sich selbst für die Ursache dieser positiven Veränderung halten. Damit aber wird auch der oder die andere wiederum ihm sympathisch. In früheren Zeiten benutzten Frauen Belladonna-Tropfen, um verführerisch große Pupillen zu bekommen. Die Wechselwirkung läßt uns vergrößerte Pupillen stets positiv empfinden, auch wenn nur Kurzsichtigkeit ihre Ursache sein sollte. Die Werbung weiß und nützt es, daß große Pupillen Sympathie ausstrahlen und freudige Erregung vermitteln.

Tragen passionierte Spieler aus diesem Grund häufig Sonnenbrillen?

Ja. Denn die vergrößerten Pupillen verraten, daß einer gute Karten hat.

Warum richten Menschen im Gespräch den Blick häufig zur Zimmerdecke?

Sie brauchen einen festen Punkt, um sich konzentrieren zu können. Sie fliehen nicht mit dem Blick, haben auch nicht vor, sich dem Gespräch zu entziehen. Sie denken auch nicht daran, sich in sich selbst zu versenken, denn meist wollen sie ehrgeizig hoch hinaus. Der wichtigste Teil dieser körpersprachlichen Aussage ist jedoch, daß sie nicht unterbrochen werden wollen, solange sie das Wort haben. Der Partner soll ihr ganzes Konzept bis zu Ende anhören, gleichgültig, ob es schwache Punkte darin gibt oder nicht. Erst danach sind sie bereit, eine Stellungnahme zuzulassen. Der Blick zur Decke verhindert jede Konfrontation und Kommunikation, jeden

184

»DAS IST TOLL!«, scheinen die weit geöffneten Augen, die gehobenen Brauen und der gespitzte Mund zu verkünden. Der Gesichtsausdruck weist eher auf Überraschung hin als auf Suggestion. Etwas, das sie überrascht, hat die Spannung in ihrem Ausdruck hervorgerufen.

185

DIE KÖRPERTEILE SPRECHEN

DAS OHRLÄPPCHEN IST DER AKUPUNKTURPUNKT FÜR DAS AUGE. Menschen, die unsicher sind, die eine Antwort suchen, einen besseren Überblick haben möchten, aber noch nicht haben, greifen oft an ihr Ohrläppchen, als ob sie ihr Sehvermögen stimulieren wollten. Brillenträger greifen im selben Fall an ihre Brille, als wollten sie ihr den richtigen Sitz geben, um besser sehen zu können.

Einwurf während des eigenen Vortrags. Wirft allerdings ein Zuhörer den Blick zum Himmel, signalisiert es Langeweile.

Kann es für die Wirkung eines Menschen etwas bedeuten, ob er eine Brille trägt oder nicht?
Brillen sind mehr als ein Accessoire, sie verändern die Wirkung eines Menschen erheblich. Nicht der Mensch ändert sich, aber seine Wirkung. Und davon reden wir hier. Die Form einer Brille kann den Ausschlag geben, welcher Eindruck von dem Brillenträger ausgeht.
Kleine runde Gläser erzeugen die Wirkung eines stechenden Blicks. Alles, was wir mit einer zusammengezogenen Augenpartie verbinden, wird wachgerufen. Ein dunkler Brillenrahmen kann das Gesicht un-verhältnismäßig stark beherrschen, wirkt jedoch seriös und zugleich sehr rational. Große randlose Brillen sollen eine Veränderung des Gesichts möglichst verhindern. Selbstverständlich werden Brillen auch als Statussymbole genutzt. Wer eine Cartier-Brille trägt oder eine im Porsche-Design tut es nicht nur, um besser sehen zu können, sondern möchte einer bestimmten sozialen Gruppe zugeordnet werden. Bunte Brillen signalisieren, daß einer akzeptiert werden möchte, wie er ist, oder für etwas gelten möchte, das er gern wäre: Ich bin ein bunter Vogel, fast eine Art Außenseiter, auch wenn alles andere an mir konventionell erscheint.

Was bedeutet es, wenn ich im Gespräch häufig den Sitz meiner Brille korrigiere?
Die Aussage ist eindeutig. Wer seine Brille im Gespräch mehrfach zurechtrückt, hat Schwächen in einem (meist seinem eigenen) Konzept entdeckt und will schärfer hinsehen. Es kann auch die Sorge dahinterstecken, ein Detail übersehen zu haben. Die Reaktion ist der Griff zur Brille.
Wer an sein Ohrläppchen greift, es womöglich massiert, tut in Wirklichkeit auch nichts anderes. Er

meint die Augen. In diesem Zusammenhang ist es interessant, daß die Ohrläppchen der Akupunkturpunkt für die Augen sind. Von hier aus wird das Sehvermögen stimuliert. Wer sich das Ohrläppchen reibt, möchte einen besseren Überblick haben.

Warum wirkt das sogenannte Pokerface unangenehm?

Wir wollen wirken, und das Pokerface sagt: Nichts wirkt auf mich. Und wir fühlen uns behandelt, als wären wir Luft. Denn natürlicherweise reagiert das Gesicht auf jeden Impuls, der es über unsere Sinnesorgane erreicht.

Was sagt uns das Ohr?

Ohren sind äußerst sensible Organe. Sie funktionieren als die feinsten Empfänger von Alarmsignalen. Wir können die Ohren nicht verschließen wie die Augen. Lärm belästigt uns daher mehr als Licht. Auch aus der Tatsache, daß unser Gleichgewichtssinn im Ohr liegt, können wir auf seine Wichtigkeit als Alarmsystem des Menschen schließen. Als unsere Vorfahren noch auf den Bäumen lebten, war es wichtiger, einen Ast knacken zu hören, als den Feind zu sehen. Ein plötzliches Geräusch, besonders eines von hoher Frequenz, setzt die gesamte Muskulatur in Hochspannung. Wir sind plötzlich sprungbereit. Das ist einer der Gründe, warum hohe schrille Stimmen unangenehm wirken. Das Schreien bei Gefahr dient mehreren Zwecken: als Alarm für die anderen, zur Erzeugung der Hochspannung in der eigenen Muskulatur und zur Steigerung der Abwehrkräfte.

Durch das Balancesystem ist das Ohr mit unserer gesamten Muskulatur verbunden. Die Fluchtbewegung kann sofort ausgeführt werden. Hörschwächen beeinträchtigen die Muskelbewegungen, weil das Ohr beziehungsweise die von ihm empfangenen Geräusche die Muskulatur stimulieren. Musik versetzt uns in eine bewegliche Haltung.

Wir sehen wenig von dem, was das Ohr uns körpersprachlich mitteilen könnte. Oder ist das ein Irrtum?

Der Mensch bewegt seine Ohren, wie es bei Tieren häufig der Fall ist, nicht. Wir spitzen die Ohren nicht wirklich. Also lassen die Ohren des Menschen tatsächlich wenig sehen, obwohl sie des Hörens und des Gleichgewichts wegen wichtige Organe sind. Ohren »erröten« bei Erregung und in Gefahr.

Die Wangen

Was leistet die Wangenmuskulatur auf der kommunikativen Ebene?

Wangen und Wangenmuskulatur dienen als Übertragungsfeld zwischen Augen und Mund. Blockiere ich mein Gefühl, wird dieses Übungsfeld stillgelegt. Eine Übertragung findet nicht statt. Wer die Hände an die Wangen legt, will ein Gefühl zurückhalten. Doch nur bewegliche Gesichter stimulieren uns. Ich empfehle ausdrücklich, das Gesicht nicht zu verschließen. Gefühle sollen sichtbar sein, denn es gewinnt uns das Vertrauen des anderen. Wir vergeben uns nichts, sondern bringen uns zum Ausdruck.

Vermeide ich Falten im Gesicht, wenn ich es weniger bewege?

Wer glaubt, die Faltenbildung in seinem Gesicht vermeiden zu können, indem er weniger lacht und das Gesicht unbeweglich macht, sollte wissen, wie viele negative Folgen er damit in Kauf nehmen muß. Er wird die Faltenbildung nicht verhindern, aber sein Gesicht wird einen faden Ausdruck annehmen, und er wird Aggressionen erwecken, wie sie dem Unbeweglichen gegenüber naturgemäß entstehen. Die Sorge, negativ zu wirken, schafft sicher mehr Falten. Bewegung nämlich ist ein Naturgesetz, gegen das niemand ungestraft verstößt.

DIE KÖRPERTEILE SPRECHEN

Nase und Mund

Wovon sprechen ein verzogener Mund und eine gerümpfte Nase?

Ursprünglich sprechen sie immer von Geschmack und Duft: von saurem, bitterem Geschmack und unangenehmem Gestank. Die Zivilisation hat uns gelehrt, im übertragenen Sinn den Mund zu verziehen und die Nase zu rümpfen: über den schlechten Geschmack, mit dem einer seine Kleidung oder seine Bücher wählt, über den Mief überlebter Anschauungen. Die körpersprachlichen Signale bleiben unverkennbar.

Was sagen bewegliche Nasenflügel?

Sie deuten stets auf leichte Erregbarkeit. Gerade im erotischen Spiel sagen zitternde Nasenflügel: Du regst mich auf! Übrigens setzt auch jedes starke Gewürz, das ungewohnt heftig stimuliert, die Nasenflügel in Bewegung. Eine feine Nase reagiert schon auf geringere Reize.

Welche Bedeutung hat im körpersprachlichen Zusammenhang der Mund?

Durch den Mund nehmen wir Dinge in uns auf. Der sensible Apparat von Lippen, Zunge und Gaumen entscheidet über Aufnahme und Abwehr von allem, was unserem Körper zugeführt wird. Und er trifft Aussagen darüber. Die hochgezogenen Mundwinkel beim Lächeln und die heruntergezogenen bei Mißmut wirken sofort auf die Augen und damit auf unsere ganze Wirkung und auf unser Empfinden.

Warum fassen sich manche Menschen häufig an die Nase?

Hier haben wir es mit einem evolutionären Erbe zu tun, einer letzten Bewertungsinstanz. Ich sehe das Futter, ich nehme das Essen, aber bevor ich es in den Mund schiebe, führe ich es an die Nase. Bis heute

Liegt in der Gesichtsauffrischung, dem Liften, eine Gefahr?

Die positive Wirkung eines Liftings liegt darin, daß die Gesichtshaut nach oben gestrafft wird. Erinnern wir uns daran, daß alle aufwärtsführenden Linien im Gesicht eine positive Ausstrahlung haben. Deshalb gibt es auch nur Lifting und kein Pulling.
Die Gefahr liegt in einem zu starken Liften oder in einem zweiten Eingriff, wenn dadurch die gesamte Wangenmuskulatur unbeweglich wird. Für ein Standbild mag das schön und richtig sein, für ein Ausdrucksmittel wie das Gesicht eines lebendigen Menschen kaum.

JEDER GENUSS BEFLÜGELT UNSER GEFÜHL (linke Seite), und wir lassen wie von selbst die Augen nach oben rollen, weg vom Boden der Realität. Unsere Zunge kostet den Genuß nach. Nichts soll verlorengehen, und wir hoffen, es gibt mehr davon. Die ruhigen Augenbrauen der Frau (rechts) legen es nahe, an eine Genußvorstellung zu denken, die noch Entscheidungsfreiheit offenläßt: Soll ich oder soll ich nicht?

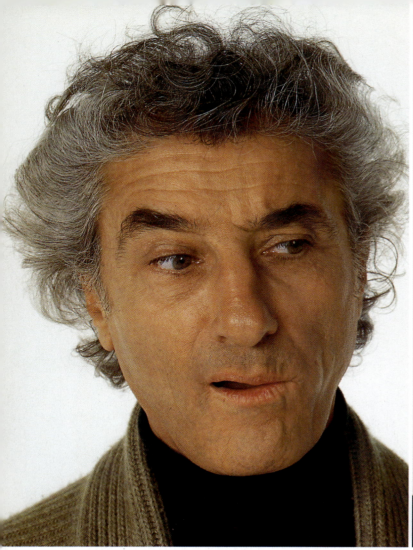 

NICHT ESSENS-RESTE ZWISCHEN DEN ZÄHNEN, sondern Gedankenreste in seinem Gedächtnis sucht der Mann mit der Zunge. Mit dem Blick zur Seite fragt er sich, ob er nicht etwas übersehen hat. Die gehobene rechte Augenbraue unterstützt die Frage, während die andere Konzentration ausdrückt.

Wer sich auf die Lippe beißt, wie die junge Frau, straft sich selbst. Wer Erwartungen nicht erfüllt, lehrt uns unsere Kindheit, wird bestraft. Sie tut es hier schon selbst. Sie ist Schülerin und Lehrerin zugleich.

appellieren wir so an unsere Nase, wenn wir unsicher sind, ob uns etwas zuträglich ist oder nicht. Wer uns einen Preis nennt und sich dabei an die Nase faßt, fürchtet, der Preis könnte zu hoch sein. Es ist das Signal für kritisches Empfinden, aber auch für Nachdenklichkeit.

Was sagen zusammengekniffene Lippen aus?

Sie dokumentieren komplette Abwehr, und zwar natürlich auch geistiger Nahrung gegenüber. Deshalb wirken auch schmale Lippen negativ, sie suggerieren eine Weigerung. Lippen sollten weich und leicht geöffnet sein, damit wir eine positiv rezeptive Wirkung stimulieren.

Welche andere Form der Weigerung kann der Mund ausdrücken?

Die Zunge schiebt unerwünschte Eindrücke zurück. Wenn jemand in der Unterhaltung die Zunge kurz herausschiebt, signalisiert er jedesmal Ablehnung. Wir weigern uns in diesem Augenblick, etwas in uns aufzunehmen. Mit der herausgestreckten Zunge sollte in früheren Zeiten das Teuflische und Böse vom Menschen abgehalten werden.

Warum wirken volle Lippen sinnlicher als schmale?

In jedem Erregungszustand schwellen die Lippen. Daher werden volle Lippen mit Sinnlichkeit assoziiert. Die Nachzeichnung der Lippen mit dem Lippenstift geht auf dieselbe Erscheinung zurück, denn das stärkere Rot kennzeichnet ursprünglich eine stärkere Durchblutung der Lippen. Leicht geöffnete, feuchte Lippen wirken in jedem Fall als erotisches Signal, gleich, ob sie in ihrer Form schmal oder voll sind.

Verstärkt es den erotischen Appell, wenn ein Finger an die Lippen gelegt wird?

Die spielerische Berührung der Lippen verstärkt die erotische Andeutung. Nimmt eine Frau den Finger in den Mund, ist das Signal mit allen sich einstellenden Assoziationen kaum mehr mißzuverstehen.

Auch bei Männern offenbart diese Bewegung denselben Wunsch. Wer seine Lippen leicht mit den Fingern berührt, kann sich auch sensibilisieren wollen, um ein Gefühl richtig zu erkennen.

Warum fahren sich manche Menschen häufig mit der Zunge über die Lippen?

Dafür gibt es mehrere Antworten. In der Erregung trocknen Mund und Lippen schnell aus. Um die Erregung zu bannen, versuchen wir immer wieder die Lippen zu befeuchten.

In einer anderen Bewegung sieht es aus, als suche die Zunge Reste auf den Lippen. Sie kann nach Gedankenresten suchen, oder es hat (geistig) so gut gemundet, daß weiter nach Krümeln gesucht wird. Mancher genießt auf diese Weise seine eigene Schlagfertigkeit.

Wer mit der Zunge Reste zwischen den Zähnen sucht, will nicht unbedingt Speisereste finden, sondern manchmal auch Reste von Gedanken.

Wann beißen wir die Zähne zusammen?

Wer häufig die Zähne zusammenbeißt, ist mit scheinbar unlösbaren Problemen beschäftigt. Er strahlt eine gewisse Unzufriedenheit aus, ist schwer zu interessieren, solange er seine Nuß noch nicht geknackt hat.

Welchen Einfluß haben die Zähne auf die Wirkung eines Menschen?

Wir bewundern nicht nur die Schönheit von Zähnen und reagieren abwehrend auf ein mißgestaltetes, ungepflegtes oder lückenhaftes Gebiß. Zähne haben über das Nervennetz einen Einfluß auf den ganzen Körper und damit natürlich auf seine Wirkung. Gestörte Druckverhältnisse im Gebiß machen sich in muskulären Spannungen bemerkbar, die unsere Wirkung zum Negativen hin verändern.

DIE KÖRPERTEILE SPRECHEN

Wir lächeln mit dem Mund und mit den Augen. Welche Wirkung hat es, mit dem Mund zu lächeln?

Ein natürliches Lächeln beginnt mit den Augen und führt zum Mund. Lächelt der Mund allein, können wir davon ausgehen, es mit einer Ritualgebärde zu tun zu haben. Herzlichkeit ist nicht zu erwarten, wird aber auch nicht vorgetäuscht. Es steht damit genauso wie mit der Frage »Wie geht es Ihnen?« Wer daraufhin seine Lebensgeschichte erzählt, hat die Formel falsch verstanden.

Ist ein Lächeln in jedem Fall ein positives Signal?

Lächeln entspricht immer einer positiven Ausstrahlung, weil es einem Wohlbefinden entspringt und das Gesicht sich lockert. Wenn das Lächeln erstarrt, ist es kein Lächeln mehr, denn jede erstarrte Bewegung ist gegen das Naturgesetz und wirkt erschreckend auf uns.

Verändert Ironie das Lächeln?

Das ironische Lächeln verändert den Blick. Die Augen verengen sich leicht, oft hebt sich eine Braue. Der Unterschied zu einem offenen, warmen Lächeln ist unübersehbar.

Gibt es ein kaltes Lächeln?

Es ist das Lächeln des Sadisten. Die Augen bleiben kalt, und der Kopf bleibt gerade ohne Neigung, weil er seine Beute fixiert. Er lächelt auch nicht der Beute zu, sondern im Vorgeschmack des eigenen Genusses. Jede Interpretation eines Lächelns muß das ganze Gesicht umfassen, nicht einzelne Teile.

Was kennzeichnet das schüchterne Lächeln?

Die Augen des Schüchternen erscheinen fragend, die Gesichtsmuskulatur zieht sich ein wenig zurück, und das Lächeln wirkt nie ganz fertig. Die Schüchternheit verbietet es, dieses Lächeln vollständig zu erleben.

Gibt es das traurige Lächeln?

Das traurige Lächeln gehört zu Menschen, die sich bemitleiden. Wieder lächelt der Mund, aber die Augenkomponente widerspricht durch Trauerblick.

Hände und Arme

Hände und Arme sind offensichtlich Instrumente der Kommunikation. Sie unterstützen unsere Rede. Ihre Gesten müssen angemessen sein, sie dürfen groß ausfallen oder müssen sich im Ausdruck beschränken. Außerdem existieren noch ausdrucksstarke Arm- und Handstellungen.

Was bedeuten angewinkelte Arme?

Am Körper angewinkelte Arme sind immer ein Zeichen für eine Verteidigungshaltung. Wir sehen es bei jedem Boxer: Er hält seine Arme eng am Körper. Diese Verteidigungsstellung reizt den anderen wie mechanisch zum Angriff. Wer sich schmal macht, indem er die Arme an den Oberkörper legt, signalisiert Angst, und er räumt dem anderen mehr Raum ein als sich selbst. Vorsicht führt zu ähnlichem Verhalten. Natürlich macht der Vorsichtige weniger Fehler als der Unvorsichtige. Übervorsicht, die keinen konkreten Grund benötigt, schwächt unsere Reichweite und Flexibilität. Jemand, der eine weitreichende Wirkung haben möchte, muß auch eine sichere Ausstrahlung haben, und die verhindert der angewinkelte schützende Oberarm. Denn nicht nur meine Angst wird auf diese Weise sichtbar, auch meine Handlungsfähigkeit wird geschwächt. Der Starke gibt die Flanke frei und kann seine Reichweite nützen.

Welche Wirkung und welche Absicht sind damit verbunden, wenn jemand Hände und Arme vor seinen Körper hält?

Die Schutzfunktion dieser Gebärden ergibt sich von selbst. Aber Hände und Arme schützen auf diese

192

Weise nicht nur meinen Körper, sondern versetzen mich selbst auch hinter einen Zaun und erwecken damit rasch den Eindruck, nicht offen, sondern aus einer Deckung heraus zu sprechen, etwas vorzuschützen, wie man sagt. Die Hände werden zum eigenen Schutz gebraucht, nicht um zu handeln. Was niemanden hindert, einem Gespräch zuzuhören. Positiv wirkt die Stellung von Armen und Händen immer dann, wenn sie frei genug erscheinen, sich vom Körper wegzubewegen, ihn weder eng beschützen noch verbarrikadieren.

Sind Ellbogen vor allem Waffen im Konkurrenzkampf?

Die knochigen und durch die Armmuskulatur schlagkräftigen Ellbogen sind eine natürliche Waffe des Menschen. Die Ellbogen-Karriere ist eine sprachliche Übertragung des realen Ellbogen-Kampfes. Wer die Ellbogen hebt, zeigt sich kampfbereit. Der junge Mensch, der die Hände in die Seiten stemmt und die Ellbogen nach außen dreht, signalisiert es gut. Wer sich zurücklehnt, die Hände hinter dem Kopf faltet und dabei die Ellbogen hebt, genießt eine Pause nach einem gelungenen Coup, einen guten Gedanken, einen überraschenden Vorschlag, aber die Ellbogen weisen darauf hin, daß er auch willens ist, seinen Coup zu verteidigen.

Der Chef, der in einer Diskussion diese Haltung annimmt, hat seine Entscheidung schon getroffen. Will man ihn für einen weiteren Vorschlag aufnahmebereit machen, darf der nicht dem schon diskutierten Schema folgen, sondern muß durch einen überraschenden Gedanken eine Bewegung und damit eine Veränderung provozieren. Alles andere gleitet an dieser ellbogenbewehrten Position ab. Wer seine Ellbogen so auf die Armlehnen oder Oberkanten eines Sessels legt, daß ein Ellbogen auf einen der übrigen Gesprächsteilnehmer weist, hat sich einen Feind gemacht, der sich attackiert fühlt oder zumindest abgewehrt.

Zu den auffälligsten Körperteilen des Menschen gehören die Hände. Wie ist ihre Bedeutung für die Körpersprache einzuschätzen?

Die Hände tragen entscheidend dazu bei, daß wir uns von allen anderen Lebewesen unterscheiden. Die Sensibilität der menschlichen Hand ist auch daran abzulesen, daß sich auf der Fingerkuppe des Erwachsenen etwa 4000 Informationsträger befinden. Von der Großhirnrinde des Menschen ist ein Drittel für die Hände da. Setzt man die Größe und Masse unseres Körpers ins Verhältnis zu dem kleinen Umfang der Hände, und macht man sich klar, daß sie ein Drittel der gesamten Großhirnrinde für sich in Anspruch nehmen, wird ihre Wichtigkeit leicht verständlich. Wer nun noch sagt: »Sprich nicht mit den Händen!«, verlangt Unmögliches.

Warum sind die Hände in der Entwicklungsgeschichte des Menschen so wichtig?

Es ließe sich auch fragen, warum hat uns die Evolution gezwungen, die bequeme Art, auf allen vieren zu gehen, aufzugeben, um statt dessen das Risiko einzugehen, diesen schmalen, störanfälligen Körper aufzurichten und die Hände zu befreien. Wir haben damit einen riesigen Entwicklungssprung gemacht und sogar, wie ich es sehe, die Evolution selbst überlistet.

Unsere Hände besitzen jeweils fünf Finger. Einige sind aktiver, manche weniger, je nach ihren Funktionen. Der wichtigste Finger der Hand ist der Daumen. Ohne den Daumen gäbe es keine Greifbewegung der Hand. Dem Daumen verdanken wir den hohen Stand unserer technologischen Entwicklung. Er macht die feinen Bewegungen des Greifens und Drehens, des Hineinschiebens, des Einfädelns möglich.

Es gibt Tiere, die es mit ihrer Intelligenz genauso weit bringen könnten wie der Mensch. Warum haben sie nicht erreicht, was dem Menschen gelang? Für mich heißt die Antwort: wegen des Daumens. Der Wal und der Delphin besitzen Hirnrinde und

DIE ANGST SITZT IHM IM NACKEN, heißt es und drückt ein Urgefühl von Angst vor dem Angreifer aus dem Hinterhalt aus. Das Gefühl, sich zu befreien, dokumentiert die linke Hand, die den Rock öffnen soll (links). »Glaubst du mir nicht?«, wollen die beiden Hände vor der Brust sagen, die bescheiden zurückgenommen wird (rechts). Aber der vorgestreckte Kopf will doch eine Antwort.

WER DIE SCHULTERN HEBT, VERTEIDIGT SICH. Der Nacken wird geschützt. Da die Arme offen bleiben, bleibt auch ein Dialog möglich, weil er sich nicht vollständig einkapselt (links). Errichten die Hände allerdings einen Stachelzaun (rechts), scheint alles auf Verteidigung abgestellt. Die Haltung des Oberkörpers dagegen deutet auf ein Ausweichen. Die ganze Haltung zeigt Unsicherheit.

WER SICH DIE HÄNDE REIBT, versucht seine Finger zu wärmen, bevor er etwas tut, damit sie für feinfühlige Aktionen fähig werden (links). Sind wir zufrieden, ist es der Dank dafür, daß unsere Instrumente warm und elastisch waren. Der Blick nach links unten sucht entfallene Gedanken. Eine Gefühlsaktivität läßt sich auf die Weise blockieren, wie es das Bild rechts anzeigt. Wer seinen Gefühlsarm festhält, zähmt sich selbst.

VERSCHRÄNKTE ARME SIND NICHTS NEGATIVES. Sie zeigen nur, daß man im Moment nicht handeln möchte, aber durchaus bereit ist, zuzuhören (links). Wer sich dabei in den eigenen Arm krallt, beweist allerdings große Unsicherheit. In lockerer Haltung bleiben alle Optionen erhalten. Als ob er sich an seine Gefühle klammern wollte, hält unser Mann seine linke Hand fest (rechts). Der Zeigefinger seiner linken Hand scheint jedoch zu sagen: Ich weiß, was richtig ist! Der Blick zur Seite zeigt dagegen Unsicherheit.

DEN DAUMEN IN DER HAND ZU VERSTECKEN, bedeutet den Versuch, die eigene Dominanz zurückzuhalten. Die junge Frau weiß, daß sie dominant sein kann, will es aber aus Respekt oder Taktik nicht zeigen. Es handelt sich zugleich um eine Art Selbstbeschneidung. Denn sobald der Daumen in der Hand versteckt ist, können wir nicht mehr mit der Faust zuschlagen. Wir würden uns den Daumen brechen. Auch physisch wird hier ein Verzicht vorgenommen. Meine Schlagkraft ist reduziert!

Gehirnmasse ganz ähnlich wie der Mensch, aber sie haben weder Hände noch Daumen. Wir kennen intelligente Affen, die aber keine Konkurrenten des Menschen werden können, weil ihr Daumen zu tief angesetzt ist, um Greifaktionen zu erlauben.

Macht aber nicht doch das Gehirn, der Sitz des Verstandes, den Menschen aus?

Ich würde sagen, es sind Hirn und Hände, die den Menschen ausmachen. Die Hände wiederum bedeuten die Kombination von Daumen und Fingern.

Worin besteht die Überlistung der Evolution durch den Menschen?

Die Evolution reagiert auf Notwendigkeiten des Überlebens. Irgendwann wurde es überlebensnotwendig für den frühen Menschen, statt nur zweidimensional dreidimensional zu sehen. Es dauerte ein paar hunderttausend oder auch ein paar Millionen Jahre, und das Auge hatte das dreidimensionale Sehen gelernt. Diejenigen, die nach dem Ende dieser Phase auf der Erde lebten, entdeckten das Obst in den Zweigen. Dreidimensionales Sehen machte es möglich. Für die Jagd, die Bewegung des Wildes, hatten zwei Dimensionen genügt. Die Evolution hat unzählige Entwicklungen dieser Art erlaubt, allerdings nur sehr langsam. Der Mensch, dessen Gehirnkapazität enorm entwickelt war und dessen Phantasie es ihm ermöglichte, vorauszudenken, war ungeduldig. Und als später der Wunsch in ihm wach wurde, weiter zu sehen und Dinge größer zu sehen, als sein Auge ihm erlaubte, wollte er nicht wieder ein paar Jahrtausende warten. Er erfand Geräte. Mit Hilfe seiner Daumen und Finger baute er sich ein Fernrohr und bald auch ein Mikroskop. Indem er sich künstliche Organe schuf, hat er also die Evolution überlistet. Alle Erfindungen unseres Geistes hätten sich nicht verwirklichen lassen ohne die einmalige Konstellation von Daumen und Fingern. Sie half uns, die übrige Welt »unter den Daumen« zu bekommen.

Lassen sich eine Reihe von Signalen nennen, die zu den Grundbewegungen der Hand gehören?

Es gibt drei wesentliche Bewegungen der Hand: die offene, die verdeckte und die dominante. Ich beginne mit der verdeckten Handbewegung. Sie zeigt dem Partner den Handrücken und verbirgt die sensible Handinnenseite. Das heißt, will ich meine Sensibilität schützen oder verbergen, zeige ich meinen Handrücken. Außerdem tragen wir etwas, das wir halten und erhalten wollen, in der Innenhand. Wollen wir keinen anderen wissen lassen, daß wir Nahrung oder irgend etwas Begehrenswertes erworben oder gefunden haben, werden wir es nicht offen zeigen, sondern mit dem Handrücken verdecken. Häufig wird die Hand mit der Beute auch noch zur Brust gehoben und mit gerundeten Schultern verdeckt.

Aus dieser archaischen Haltung wurde ein körpersprachliches Signal?

Wenn jemand im Gespräch nur seinen Handrücken zeigt, werden wir das Gefühl nicht los, daß er etwas verheimlichen will, also etwas verdeckt. Auch wenn er beide Hände mit dem Handrücken nach oben auf den Tisch legt und uns versichert, seinen besten Vorschlag gemacht zu haben, glauben wir immer noch, daß er etwas zurückhält.

Kann man einem anderen mit verdeckter Innenhand etwas anbieten?

Verbal kann ich es versuchen, aber ich werde nicht glaubwürdig sein. Denn ich werde nichts mit dem Handrücken anbieten, da er weder etwas richtig tragen noch fassen kann. Nur die Hand selbst kann man bieten – zum Handkuß.

Kann ich nicht den Handrücken zeigen und »unter der Hand« etwas geben?

Diese Bewegung deutet auf Heimlichkeit, auf versтecktes Geben. Ein Angebot ist nicht signalisiert.

DIE »STACHEL-SCHWEIN-BEWEGUNG« dient der Verteidigung. Das kleine Bild zeigt diese Handhaltung der jungen Frau, die der Konfrontation durch den Mann ausgesetzt ist. Sein Blick und die entschieden agierende Hand beweisen es. Ihre Arme schützen sie. Seinen Vorwurf nimmt sie nicht an. Gespreizte Finger können überhaupt nichts nehmen.

Im Gegenteil: Wir haben es mit einer dominanten Bewegung zu tun, denn sie führt von oben nach unten. Trinkgelder werden so gegeben.

Wie verändert sich eine natürliche Handstellung in eine verdeckte?

Wenn wir die Arme einfach natürlich hängen lassen, sieht unser Gegenüber über die Handkanten etwas von den Handflächen und etwas von den Handrücken.

Menschen, die es sich angewöhnt haben, einen Handrücken nach vorn zu drehen, erwecken den Eindruck, etwas zu verbergen. Und in dieser Drehung schließt sich auch das Schultergelenk, was eine blockierende Wirkung auf Brustkorb und Arm auslöst. Das wiederum deutet auf einen Menschen, von dem wenige Informationen zu erwarten sind, der Absichten nicht preisgibt. Das heißt übrigens nicht, daß seine Absichten negativ sein müssen. Viel eher bezieht sich die Nachrichtensperre, die sein Körper errichtet, auf schlechte Erfahrungen, die er mit seiner Umwelt gemacht hat. Andere Menschen verdecken ihre Absichten, um nicht ausgelacht zu werden, wenn sie ihre Ziele nicht erreichen. Haben sie vorher nichts verraten, kann niemand sagen, daß das schließlich und faktisch Erreichte nicht ihr eigentliches Ziel gewesen war. Ein Versteckspiel ist so schlecht wie das andere. Im Umgang mit diesem Menschentyp muß man sehr konkret und sehr präzise fragen, um Informationen von Wert zu erhalten. Dabei stellt sich heraus, daß dieselben Menschen, die so karge Informationen geben, dennoch erwarten, daß wir sie hundertprozentig verstehen. Sie sind sich ihres Versteckspiels gar nicht bewußt.

Welche Folgen hat die verdeckte Handhaltung auf den Bewegungsablauf?

Wer mit verdeckter beziehungsweise nach vorn gedrehter Hand den Arm hebt, umfaßt nur einen sehr begrenzten Radius. Die Bewegung erfolgt schmalspurig. Bewegt einer seine Arme in dieser Haltung, so ergibt sich eine Art Schaufelbewegung. Er schaufelt sich durchs Leben. Arbeit hat hart zu sein, leicht verdientes Brot ist ihm verpönt.

Äußert sich in verdeckten Bewegungen Gefühlsarmut?

Keineswegs. Ein Mensch, der sich durch verdeckte Handbewegungen eine Informationssperre baut, kann sehr gefühlsbetont empfinden, man wird von ihm nur keine starken Gefühlsäußerungen erwarten können. Denn er wird auch sein Gefühl verstecken. Eher sind Kompensationssignale seine Sache. Statt sein Gefühl mitzuteilen, hinterläßt er heimlich eine Bonbonniere.

Gibt es berühmte Beispiele für offene und verdeckte Signale der Hand?

Alle Heiligenfiguren zeigen dem Betrachter offene Hände. Papst Johannes XXIII. zeigte sie in typischer Bewegung den Gläubigen. Papst Pius XII. dagegen trat mit verdeckter Handinnenseite auf. Viele Politiker heben die Hände so dem Volk entgegen: Wir bekommen den Handrücken zu sehen. Sie begrüßen das Volk, verdecken jedoch ihre Absichten.

Wie sieht die offene Bewegung der Hand aus, und was sagt sie?

Bei der offenen Bewegung wird die Handfläche sichtbar gemacht. Darin zeigt sich Vertrauen, die Bewegung wirkt positiv. Allerdings kann durch eine Rhythmusveränderung aus dem Vertrauensbeweis der offenen Hand auch eine Ohrfeige werden. Die Ausnahme bestätigt die Regel.

Wir streicheln mit der offenen Hand. Wer es mit dem Handrücken versucht, offenbart, wie schwer es ihm fällt, Gefühle zu zeigen. Allerdings kann die Zurückhaltung gewollt sein. Eine größere Intimität soll vermieden werden. Die würde sich durch die Sensibilität der Innenhand verstärken.

WER ÜBER DIE TERRITORIALE GRENZE HINAUSGREIFT, zwingt seinen Partner zum Rückzug. Die ausladende Geste führt nicht zum Dialog (oben). Während die junge Frau sich weit vom Tisch zurückgezogen hat (unten), versucht der Partner immer noch, sie zu erreichen. Seine Hand ist weit vorgeschoben. Er wünscht den Kontakt.

DIE HAND DER FRAU AKZEPTIERT seinen Wunsch nach Annäherung, indem sie ihre Hand auf seine legt (oben). War seine Bewegung schon dominant (mit der Handfläche nach unten), so ist es ihre trotz der verständnisvollen mütterlichen Art nicht weniger. Und er lächelt dazu. Das heruntergezogene Kinn ist ein Schutz gegen ihre Dominanz. Eine andere Form der Annäherung, auch weit über der Mitte des Tisches, kommt durch die geöffnete Hand zustande (unten). Jetzt ist es eine Bitte.

203

DIE JUNGE FRAU IST NICHT GEWONNEN. Sie schirmt sich mit dem linken Arm ab und hat ihre Körpermitte weit zurückgenommen. Ihre Kopfstellung spricht von Konfrontation. Ihr Partner ist ganz vom Gefühl bestimmt. Er möchte ein gutes Wort, möchte Zuneigung, deshalb greift er an seinen Ringfinger, den Gefühlsfinger: stets ein Signal für das Bedürfnis nach Zuneigung.

DIE KÖRPERTEILE SPRECHEN

Welche Eigenschaften macht die offene Handbewegung sichtbar?

Was ich in der Hand habe, zeige ich und signalisiere damit, daß ich nichts zu verbergen habe. Ich bin angstfrei und denke gar nicht daran, daß der andere mir etwas wegnehmen könnte, mehr als das, ich bin bereit, zu teilen. Jede Zuneigung wird von der offengelegten Hand unterstützt.

Mit der offenen Hand zu geben, hat eine andere Wirkung als das Geben mit der verdeckten Hand. Woran liegt das?

Mit der offenen Hand zu geben heißt, es dem anderen nicht aufzuzwingen. Es bleibt wie auf einem Tablett liegen. Der andere muß die Entscheidung treffen, ob er es nimmt oder nicht. Das heißt, jedes Angebot, ob es ein geistiges oder materielles ist, läßt dem anderen die Freiheit der Entscheidung, wenn es in der offenen Hand liegt. Ich kann insistieren, indem ich es etwas länger offeriere, aber ich erzwinge nichts.

Woran kann es liegen, wenn offene Angebote nicht wahrgenommen werden?

Wer sein Angebot zu kurz zeigt, glaubt selber nicht daran, daß der andere es annehmen könnte. Er zeigt es und nimmt es schon wieder zurück, wie jemand, der mir einen Kuchenteller reicht und fragt: »Willst du?«, den Teller aber im selben Augenblick wieder zurückzieht.

Die Regel lautet: Mache ich ein Angebot, muß ich die Hand mindestens zwei Sekunden lang in ihrer Stellung lassen. Auch wenn ich sage: »Nehmen Sie doch bitte Platz«, darf ich die Hand nicht sofort wieder zurücknehmen, denn mein Partner weiß sonst nicht, ob ich wirklich meine, was ich gesagt habe. Die Hand sollte danach langsam zurückgenommen werden, sonst entsteht der Eindruck, ich zöge mein Angebot zurück: »Na bitte, dann eben nicht!« In der schnellen Bewegung liegt eine Spur

Aggressivität. Der andere hat gar keine Zeit für seine Entscheidung. Dahinter steckt die spekulative Angst, abgelehnt zu werden. Also ziehe ich mich zurück, bevor der andere nein sagen kann.

Wer hinter seinem Angebot steht, braucht keine Angst vor dem Nein zu haben. Denn für ihn bleibt es gut, auch wenn ein anderer es ablehnt. Vielleicht entspricht es momentan nicht seinen Bedürfnissen. Ein neues Angebot könnte Abhilfe schaffen. Wir sollten unser Angebot dem anderen nicht entziehen, sondern es – und die Hand – ruhig zurücknehmen, wenn er nicht darauf eingehen will.

Zu welcher Bewegung tendiert die »offene« Hand?

Offene Hände bewegen sich tendenziell nach oben. Die natürlichen Bewegungen führen hinauf und in die Breite. Ob ich eine Hand oder beide Hände gebrauche, die Bewegung der offenen Hand signalisiert immer Großzügigkeit, Raumbeanspruchung und damit Selbstsicherheit.

Verhindert die offene Hand den Zeigefingereffekt?

Um dem anderen das Gefühl zu ersparen, bevormundet zu werden, zeige ich zum Beispiel die Stelle in einem Vertrag, den der Partner unterschreiben soll, nie mit dem Zeigefinger der verdeckten Hand, die in der Bewegung von oben nach unten stets dominierend wirkt, sondern mit der offenen Hand. Der Zeigefinger tritt wesentlich weniger hervor. Damit bleibt mein Hinweis ein Angebot.

Was sind dominante Handbewegungen, und was sagen sie aus?

Dominante Bewegungen der Hand üben Druck aus. Die Hand, die von oben nach unten geführt wird, drückt etwas herunter, auch wenn man dazu die freundlichste Miene macht. Dominanz ist nicht Stärke, sondern der Versuch, andere zu unterdrücken.

205

DIE KÖRPERTEILE SPRECHEN

Zählt es zu den dominanten Bewegungen, wenn einer dem anderen auf die Schulter klopft?

Das Schulterklopfen ist eine ganz typische dominante Bewegung. Auch wenn ein Kompliment damit verbunden ist, heißt es doch: »Das hast du gut gemacht, aber vergiß nicht, ich stehe immer noch über dir!«

Welche anderen typischen dominanten Bewegungen lassen sich nennen?

Jede Geste, mit der die Bewegungsfreiheit des anderen begrenzt wird, signalisiert Dominanz. Wer einen Menschen umarmt, indem er beide Oberarme des anderen festhält, zeigt sich dominant. »Toll, mein Junge«, sagt der Vater, »ab heute kannst du machen, was du willst!« Seine Hände sagen das Gegenteil, denn der Sohn kann seine Arme überhaupt nicht aus der väterlichen Umklammerung lösen. Also heißt es körpersprachlich: »Bevor du aber etwas tust, mußt du mich fragen!«
Wer jemandem die Hand reicht und die andere noch obendrauf legt oder auf den Unterarm seines Gegenübers, will Herzlichkeit demonstrieren, verrät aber Dominanz, indem er die Bewegungsfreiheit des Partners einschränkt. Auch wenn diese Berührung nur mit den Fingerspitzen geschieht, hebt das die Wirkung von Dominanz nicht auf.

Was sagen dominierende Handbewegungen über die Mentalität eines Menschen aus?

Natürlich liegt in der dominierenden Handbewegung der Wille, sich auch gegen die Meinung des anderen durchzusetzen. Solche Menschen sind selten fröhlich. Ein großer Teil ihrer alltäglichen Bewegungen weist nach unten, der Körper bleibt gesperrt, öffnet sich selten.
Eine erhöhte Gemütsstimmung entsteht aber nur durch eine Öffnung des Körpers nach oben. Wir sprechen nicht umsonst von einer Erhobenheit, wenn uns etwas die Seele füllt. Dazu müssen die Hände offen und die Körperspannung nach oben

gerichtet sein. Ich kenne niemanden, der vor Freude nach unten springt. Wer andere unterdrückt, wird psychisch selbst mit herabgezogen, sein Körper läßt es nicht anders zu.

Gelten die drei genannten Grundformen der Handbewegung für jeden?

Jeder Mensch benutzt offene, verdeckte und dominante Bewegungen. Beim einzelnen werden die einen oder die anderen vorherrschen. Je mehr offene Bewegungen ich mir angewöhne, um so positiver wird meine Wirkung sein, und nicht nur meine Wirkung: Ich gehe auch respektvoller mit den Menschen um.

Deuten offene Hände stets auf Einverständnis?

Offen zu sein, heißt nicht ja sagen. Auch mit offenen Händen läßt sich nein sagen. Das Nein hat aber eine andere Qualität als die abwehrende Bewegung des Handrückens. Die offene Hand sagt in diesem Fall zwar nein, läßt aber neue Angebote zu. Das Gespräch ist nicht beendet.

Hat jeder Finger im körpersprachlichen Ausdruck eine eigene Bedeutung?

Jeder unserer Finger spricht seine eigene Sprache. Ich gehe sie der Reihe nach durch:
Der Daumen unterstützt stark dominante Bewegungen. Er ist der motorisch stärkste Finger. Von seiner einzigartigen Bedeutung für jede Greifbewegung war schon die Rede.
Der Zeigefinger weiß alles besser. Seine Sensibilität ist stark ausgeprägt. Wenn wir etwas betasten wollen, benutzen wir immer den Zeigefinger. Zwischen Daumen und Zeigefinger prüfen wir die Struktur von Materialien. Der sensorische Zeigefinger liefert uns Feininformationen.
Wer den Zeigefinger im Gespräch häufig benutzt, wirkt auf alle Fälle belehrend. Solange die Handfläche jedoch bei gehobenem Zeigefinger dem

DEN GRIFF AN DEN GEFÜHLSFINGER vollzieht hier die Frau. Sie will Zuneigung, und während eines Gesprächs pendelt dieser Gefühlsausdruck oft von einer Seite zur anderen. Ein Spielen mit dem Ehering ist selten Aufforderung zum Seitensprung, sondern meist nur ein Gedankenspiel.

DER KLEINE FINGER ALS GESELLSCHAFTSFINGER, wie unser Mann ihn anhebt, verrät den Wunsch, zu imponieren. Wahrscheinlich ist von seinem Status oder seinen Erfolgen die Rede. Jedenfalls soll die Zugehörigkeit zu besseren Kreisen angedeutet sein. Das Detailbild zeigt die Imponierbewegung noch einmal ganz deutlich.

Gesprächspartner zugewandt bleibt, blockiert sie zwar: »Moment mal, da weiß ich was!«, wirkt aber nicht negativ.

Dreht sich die Hand zur Kante, wird die Geste zum Drohsignal, denn aus dieser Stellung kann man mit dem Finger schlagen, stechen, bohren. Das Maximum an Dominanz ist erreicht, wenn der Zeigefinger, von oben nach unten geführt, auf einen Punkt einsticht. Um die Wirkung abzuschwächen, werden oft Ersatzorgane eingesetzt. Man klopft nicht mit dem Zeigefinger, sondern mit dem Bleistift als Verlängerung auf den wunden Punkt.

Der Mittelfinger spricht von Selbstgestaltung. Wer glaubt nicht, daß er das Zentrum der Welt sei? Niemand wird es zu denken wagen, aber insgeheim weiß es jeder von sich. Nicht umsonst gilt der Mittelfinger in vielen Kulturen als Penissignal, und zwar in provozierender Weise: »Ich bin potenter als du!« Das heißt zugleich, daß der Potentere auch der Stärkere ist.

Wir geben alle mehr Signale mit dem Mittelfinger, als den meisten von uns bewußt ist. Ich habe es bereits an meinem vierjährigen Sohn beobachten können, wie der den Mittelfinger benutzte, wenn er mit den älteren Brüdern sprach und sich Geltung verschaffen wollte. Menschen, die im Gespräch ihren Mittelfinger berühren, ihn streicheln oder reiben, haben das Bedürfnis nach Selbstgestaltung. Man darf das nicht mit Dominanzverhalten gleichsetzen. Dominanz will gewinnen, Selbstgestaltung strebt nach Anerkennung.

Der Ringfinger spricht von Gefühl. In der Bewegung ist er mit dem Selbstgestaltungsfinger verbunden. Er kann allein agieren, ist dafür sehr sensibel und streichelt zart. Menschen, die im Gespräch ihren Ringfinger berühren und mit ihm spielen, brauchen eine Streicheleinheit. Sie erwarten eine Gefühlszuwendung und keine rationale Erklärung.

Der kleine Finger ist der Gesellschaftsfinger. Er kann nicht viel, aber er ist immer dabei. Der gespreizte kleine Finger, der die Bewegung begleitet, um eine Tasse an den Mund zu führen, wirkt lächerlich und geziert, geht aber auf eine Ästhetisierung der Bewegung zurück. Heute ist diese Bewegung ein Relikt aus höfischer Zeit. Dahinter steckte damals die Aufforderung: »Vergiß nicht, ich bin auch noch da!« Wer mit dem kleinen Finger spielt, will auf sich aufmerksam machen.

Was sagen uns Ringe, die an verschiedenen Fingern getragen werden?

Wir schmücken stets den Finger, der auf ein Bedürfnis hinweist. Dazu möchte ich vorausschicken, daß ein Bedürfnis nicht auf einem Manko beruhen muß und deshalb auf keinen Fall negativ gesehen werden darf. Bedürfnisse führen zu Aktivität. Wer satt ist, lehnt sich zurück und tut gar nichts mehr. Bedürfnisse motivieren.

Zurück zu den Fingerringen. Manche Frauen haben alle Finger voller Ringe. Ich sehe darin nicht nur eine Modeerscheinung. Jede dieser Frauen signalisiert auf diese Weise ihr Bedürfnis, sich auf allen Gebieten hervorzutun.

Eine Frau trägt mehrere Ringe am Gefühlsfinger. Läßt sich daraus schließen, daß ihr zu wenig Zuneigung entgegengebracht wird?

Es kann sogar sein, daß sie ungewöhnlich viel Zuneigung erhält. Sie kann sie nur nicht absorbieren. Ich will es an einem Beispiel erläutern: Karotten enthalten Vitamin A, aber gleichgültig, wieviel Karottensaft einer trinkt, er nimmt kein Vitamin A auf, wenn er dem Saft nicht einen Tropfen Öl zusetzt. Denn der Körper benötigt, um das Vitamin A zu binden, eine geringe Menge Fett.

Ebenso läßt ein Mensch, dem sehr viel Zuneigung entgegengebracht wird, diese ungenützt passieren, wenn er sie nicht absorbieren kann, wenn er immer davon ausgeht, daß der andere es ja doch nicht ehrlich mit ihm meint.

DIE KÖRPERTEILE SPRECHEN

EIN GELUNGENES, KRÄFTIGES HÄNDESCHÜTTELN zwischen zwei Männern (oben). Der volle Kontakt ist gewährleistet, denn keine Hand macht einen Rückzieher. Sollte der Daumen des einen Druck ausüben, und der Daumen ist ein Dominanzfinger, kann es hier der andere auch. Viel zu schnell zugeschnappt hat die rechte Hand (unten). Sie greift nur einen Teil der Hand des anderen. Menschen, die so schnell zugreifen, bekommen immer etwas, aber oft nur die Hälfte von dem, was zu holen war. Ein flüchtiger Händedruck kann auch Dominanz ausdrücken (rechte Seite). Hier kommt die Hand (links im Bild) deutlich von oben, vermeidet aber den vollen Händedruck. Ich will höflich sein, heißt das, aber werden wir bitte nicht zu persönlich.

DIE KÖRPERTEILE SPRECHEN

JEDE BERÜHRUNG, MIT DER DIE BEWEGUNGSFREIHEIT des anderen begrenzt wird, spricht von Dominanz. Hier versuchen es beide. Im Bild auf der rechten Seite packt ein Partner den anderen beinahe am Ellbogen und blockiert das Gelenk. Nun kann er manipulieren, in welche Richtung es weitergehen soll.

Was signalisieren Ringe, die am kleinen Finger getragen werden?

Ringe am kleinen Finger sind Statussymbole. Vielfach werden Siegelringe am Gesellschaftsfinger getragen. Der Hinweis auf das Bedürfnis nach gesellschaftlichem Status ist damit eindeutig.
Wird der Siegelring am Gefühlsfinger getragen, weist dies eine enge Gefühlsverbindung zur Tradition der Familie.

Welche Wirkung kann der Ring am kleinen Finger hervorrufen?

Wir beurteilen einen Menschen nicht nur nach seiner Gewohnheit, ob und wo er seine Ringe trägt. Haben wir jedoch zwischen zwei grundsätzlich gleich geeigneten Bewerbern zu entscheiden, die sich für einen PR-Job interessieren, werden wir den mit dem Ring am kleinen Finger wählen, denn er wird auf jeden Fall den gesellschaftlichen Kontakt suchen.

Was sagt uns der Ring am Mittelfinger?

Wer Mitarbeiter zu führen hat, sollte wissen, daß diejenigen, die einen Ring am Mittelfinger tragen, nie damit zufrieden sein werden, ausschließlich im Team zu arbeiten. Kann ihnen eine Arbeit zugewiesen werden, in der sie sich persönlich profilieren können, sind sie ausgesprochen motivierte Mitarbeiter.

Warum tragen wir den Ehering am sogenannten Ringfinger?

Er ist, wie ich dargelegt habe, der Gefühlsfinger. Die Konvention hat hier ihren Ursprung.

DIE KÖRPERTEILE SPRECHEN

BEGRÜSSUNGEN DURCH HANDSCHLAG sagen viel über die Partner aus (linke Seite). Die Hand des einen Partners (links im Bild) ist so stark gewölbt, daß ein vollkommener Kontakt nicht zustande kommt, wie das Detailbild deutlich zeigt. Ein Leerraum zwischen den Händen schafft Zurückhaltung. Engerer Kontakt ist nicht erwünscht.

Wird die Gefühlsaussage verstärkt, wenn jemand einen Ehering trägt und darüber noch andere Ringe?

Unterschiedliche Aussagen sind hier möglich. Einerseits kann sich tatsächlich ein starkes Gefühl in dieser Form Ausdruck verschaffen, andererseits können die zusätzlichen Ringe dazu da sein, den Ehering und damit die Bindung vergessen zu machen.

Welche Bedeutung läßt sich daraus ablesen, daß einer im Gespräch mit dem Ehering spielt?

Es hängt von der Situation ab. Bei einem Flirt offenbart sich ein Gedankenspiel: So eng bin ich auch wieder nicht gebunden! Wobei keineswegs sicher ist, ob aus dem Gedankenspiel ein Seitensprung werden soll. Die lockende Bewegung kann ein Angebot sein oder auch nur die Frage an sich selbst: Wie wäre es, wenn ich diese Verpflichtung nicht hätte. Und wie die Ehe nicht nur auf sexuelle Bindung beschränkt ist, kann auch das Spiel mit dem Ehering auf die Sehnsucht nach ganz anderen Aktivitäten als nur sexueller Natur hindeuten: Zum Beispiel Reisen, Sport, Lust am Ausgehen, irgend etwas, an dem die Bindung mich hindert.

Spielt es eine Rolle, ob ich Ringe an der rechten oder an der linken Hand trage?

Die linke Hand verstärkt die Gefühlsaspekte bei allen Signalen, die rechte alle rationalen. Gefühl und Ratio sind, wie schon erwähnt, nicht zu trennen. Rationale Bewegungen zielen auf das Gefühl, Gefühlsäußerungen treffen die Ratio.

DIE KÖRPERTEILE SPRECHEN

Was bedeutet es, wenn jemand im Gespräch die Hände gegeneinander legt und die Fingerspitzen sich klopfend berühren?

Die Fingerspitzen suchen Berührungspunkte zwischen meinen Erwartungen und dem Angebot des Partners. In diesem Fall sollte das Angebot in keinem Fall wiederholt werden, sondern man sollte sich fragen, wo das Angebot von den Erwartungen des Gegenübers abweicht. Auch ein neues Angebot kann die Lösung sein.

Was sagen verschränkte Finger?

Wer die Finger beider Hände verschränkt, fühlt sich gut ausbalanciert zwischen Gefühl und Ratio und ist in sich geschlossen. Jeder Druck allerdings hindert diesen Menschen, sich zu öffnen.

Woher kommt das Daumendrehen?

Das Daumendrehen ist ein Dominanzspiel. Wir sitzen dabei in der Regel bequem, nur ist uns noch nicht eingefallen, wie wir dominieren können. Wir wollen uns ins Spiel bringen, haben uns aber noch nicht entschieden, ob das Gefühl oder die Ratio dominierend eingesetzt werden soll – also drehen wir die Daumen.

Was bedeutet es, wenn ein Gesprächspartner beide Zeigefinger und beide gestreckten Daumen zusammenlegt?

Ich nenne es die »doppelte Pistole«. Die beiden besserwissenden Finger und die doppelte Dominanz der Daumen signalisieren den bevorstehenden Schuß. Menschen, die in dieser Haltung zuhören, die Fingerspitzen dabei meist an den Mund geführt, warten auf den schwachen Punkt im Konzept des anderen.

Durchschaue ich das Spiel, kann ich den schwachen Punkt liefern, wann es mir paßt. Weiß ich auf den Schuß des Gesprächspartners eine gute Antwort, habe ich gewonnen.

Was kann es ausdrücken, wenn einer im Gespräch das eigene Knie umschließt?

Alles, was in die Kategorie des Sich-selbst-in-die-Hand-Nehmens gehört, hat mit einem Rückzug auf sich selbst zu tun. Der einzelne signalisiert das Bedürfnis nach Geborgenheit in sich selbst, wird aber bereit bleiben, sich auf einen nachdrücklichen Reiz antwortend zu öffnen.

Müdigkeit, die ich mir in einer bestimmten Situation nicht leisten kann, muß ich in den Griff bekommen. Durch den Druck der Hände wird das Kreuz gestärkt, das bringt mich dazu, wieder aufrecht zu sitzen.

Warum legt man die Hand auf den Mund?

Mit dieser sehr einleuchtenden Geste mahnen wir uns selbst, den Mund zu halten, einen anderen ausreden zu lassen, unsere längst fertige Antwort zurückzuhalten.

Unsere Hände geben und nehmen: Was fällt leichter?

Tatsächlich fällt das Geben leichter, weil es in einer Aktion besteht. Es kommt hinzu, daß der Geber keine Verpflichtung auf sich lädt. Nur wenn die Gabe als Tribut interpretiert wird, wird mit dem Geben eine Verpflichtung erfüllt, kann also auch als eine Schwäche interpretiert werden.

Nehmen ist schwieriger. Wer nimmt, fühlt sich leicht als Schuldner, und viele Menschen wollen lieber nichts annehmen, weil sie nicht wissen, zu was es sie verpflichten könnte. Jedes Angebot wird aus dieser Vorsicht heraus mit Skepsis betrachtet.

Auf vielen Ebenen muß der Mensch etwas annehmen, und viele tun sich sehr schwer damit, zum Beispiel Angebote, Ideen, Vorschläge vorurteilslos und als selbstverständlich anzunehmen, weil ihnen die Angst vor der dahinter lauernden Verpflichtung im Nacken sitzt.

Gehören Begrüßungen zum Geben und Nehmen der Hände?

Wir geben die Hand und nehmen die Hand des anderen. Ursprünglich war das Zeigen der Handfläche der Beweis, daß die Hand keine Waffe trägt. Wer das Zelt oder die Hütte des Gastfreundes betrat, legte seine Waffen draußen ab. Es war ein Zeichen des Friedenhaltens. Gleichwohl bewies jeder im Händedruck die eigene Kraft. Die kräftig zupackende Hand beim Händedruck empfinden wir noch heute als angenehm. Sie gibt uns eine Stütze.

Warum wirkt ein schwacher Händedruck grundsätzlich negativ?

Ein lascher Händedruck erwirbt kein Vertrauen. Spricht er nicht von Gleichgültigkeit, so spricht er von Schwäche, als wollte er aussagen: Ich packe es sowieso nicht, und eine Stütze kannst du von mir nicht erwarten. Ganz abgesehen von der laschen Hand, die wir als unsympathisch empfinden, weil eine »Leiche« anzufassen nicht angenehm sein kann.

Gibt es einen natürlichen Abstand beim Händedruck?

Bei der Begrüßungsdistanz handelt es sich um ein angelerntes Sozialverhalten, das sich von Kultur zu Kultur unterscheidet. In Kontinentaleuropa gehen wir von einer Armlänge aus.

Kann die Distanz verkürzt werden, ohne die Regeln zu durchbrechen?

Unter vertrauten Partnern verkürzt sich die Distanz von selbst. Manche Menschen versuchen jedoch, dem anderen ihre Dominanz aufzudrängen, indem sie ihren Fuß oder ihren Körper näher heranbringen. Sie verletzen bewußt oder unbewußt das Territorium des anderen. Läßt er es zu, hat er den Dominierenden akzeptiert. Manche probieren auch nur aus, wie weit sie gehen können. Und weicht der andere nicht von der Stelle, läßt das die Bewegung beider

erstarren. Damit ist eine Position erreicht, die für ein Gespräch nicht mehr taugt, höchstens für ein Kräftemessen. Manche Leute brauchen dieses Spiel, weil sie sonst keine Gewinner sind. Für sie teilt sich die Welt in Sieger und Verlierer.

Warum schütteln wir uns die Hände?

Übermäßiges Händeschütteln weist auf Unklarheiten in der Beziehung, in Ziel und Absicht. Es hat etwas von Auf-den-Busch-Klopfen und ist im Grunde ein Stottern. Die Übertreibung, die in diesem Schütteln liegt, kann Menschen, die an klare Verabredungen und an Zielvorgaben gewöhnt sind, außerordentlich irritieren. Denn für sie bedeutet der Händedruck eine Abmachung oder deren Bekräftigung.

Wie wirkt es, wenn jemand die Hand schnell aus dem Händedruck zurückzieht?

Die Hand zu geben, aber sofort wieder zurückzuziehen, heißt, den Kontakt zu wünschen, aber nicht in den Griff des anderen geraten zu wollen. Dasselbe gilt für eine nur halb gereichte Hand. Umgekehrt gibt es Menschen, die den anderen in der Begrüßung ein wenig zu sich herüberziehen. Sie erwarten Entgegenkommen, möchten eher nehmen als geben.

Alle diese unterschiedlichen Formen des Händedrucks beruhen auf einem prinzipiellen Verhaltenskonzept. Mit der Person des jeweiligen Partners, mit der Sache, um die es gerade geht, haben sie nichts zu tun. Wenn einer schiebt, schiebt er immer, und es ist gut, dagegenzuhalten, weil er sonst aus seinem etablierten Verhalten heraus immer weiter schieben würde. Wer den Kampf liebt, muß nicht unbedingt gewinnen, aber er schätzt nur den Partner, der dagegenhält, auch in der Verhandlung.

Manche Menschen versuchen, den anderen mit ihrer Hand nach unten zu drücken, manche halten unsere Hand fest, als suchten sie einen Rettungsanker. Wir sehen, wie viele Informationen uns ein Händedruck über einen Menschen geben kann.

DIE KÖRPERTEILE SPRECHEN

DER HANDRÜCKEN ZEIGT, daß die Hand unseres Mannes im Bild links von oben kam, wohl um den anderen dominant herunterzudrücken (linke Seite). Aber der junge Mann leistet Widerstand. Mit einer Drehung versucht er die Oberhand zu gewinnen (rechts). Ein Kampf unter Rivalen.

DIE KÖRPERTEILE SPRECHEN

DIE DOMINIERENDE HAND kommt in gerader Linie von oben (im Bild rechts), während die andere Hand gezwungen ist, sich zu biegen, um den Griff zu korrigieren. Eine ähnliche Situation zeigt das Bild auf der rechten Seite. Dem jungen Mann gelingt es nicht, den Griff zu korrigieren. Er muß sich drehen oder beugen.

Ein Mensch kommt zur Begrüßung auf uns zu. Was läßt sich daraus schließen?

Manche Menschen kommen nicht frontal auf uns zu, sondern seitlich. So können sie einander näherkommen, weil keine Konfrontation stattfindet. Kommt es nicht zum Händedruck, kann jeder seines Weges gehen. Wer dieses Konzept wählt, wird auf seinem Weg ungern blockiert. Er akzeptiert Vorschläge, reagiert auf Reize, aber wie er geht, bestimmt er selbst. Andere kommen mit ausgestreckter Hand auf uns zu. Das heißt, sie lassen niemanden nahe an sich heran. Manche bleiben mitten im Zimmer stehen und reichen die Hand: Sie nehmen ihren Platz wahr. Reichen sie beide Hände, entsteht die typische dominante Bewegung: Ich weiß, wo ich stehe. Der Rest kann sich nach mir richten.

Wo liegen die Fallstricke körpersprachlicher Interpretation?

Es gibt mit Sicherheit die Gefahr der Idealisierung, der Suche nach eindeutigen Aussagen. Der Mensch strebt immer nach Vollkommenheit, die es in der realen Welt nicht gibt. Und gerade im Menschen sind Widersprüche angelegt. Deshalb dürfen Widersprüche in der Interpretation von Körpersprache nicht wegharmonisiert werden. Also: Keine Angst vor Widersprüchen! Denn aus den Widersprüchen, die sich körpersprachlich offenbaren, erkennen wir am meisten. Sie zeigen, was uns bewegt. Ein Bedürfnis, das gestillt wird, läßt uns ausruhen, bis ein neues uns wieder in Bewegung setzt. Wer Widersprüche lösen will, muß an das Naturgesetz der Bewegung denken: Nur wer sich bewegt, verändert.

DER ZEIGEFINGER WEISS ALLES BESSER. Er wird auch als Straffinger benutzt. Mit ihm läßt sich attackieren, stechen. Die Bewegung der jungen Frau fällt eher weich aus. Denn mit ihrem Körper konfrontiert sie ihren Partner nicht. Nur ihr Blick ist ihm voll zugewandt. Und ihre Hand ist offen, jedenfalls für den Betrachter, so daß der Eindruck des stechenden Fingers sich mildert. Im Gegensatz dazu steht das Bild auf der rechten Seite. Beide Zeigefinger sind erhoben. Unser Mann wirkt dominant und aggressiv. Kampfbereitschaft signalisieren außerdem die hochgezogenen und gleichzeitig zusammengedrängten Augenbrauen sowie das gesenkte Kinn, das seine Kehle schützt.

Register

Abwehr 8, 11, 90
Aggressivität 16, 38, 47, 76
Aktionist, der 106
Angst 15, 45
Annäherung 89f.
Anpassung 119
Arm(e) 14, 16, 19, 33, 38, 106, 117, 125,
 192f., 201
Atem 168
Augen 16, 20f., 33f., 77, 82, 106, 180, 182ff.

Bart 67
Bauch 14f., 33, 170
Becken 71, 92, 167
Bedürfnis(se) 39, 117, 134, 209
Begrüßung 50, 52, 57, 217
Beherrschte, der 103
Beine 22, 71, 90, 92, 125, 133, 153, 159,
 163, 165
Beliebte, der 101
Berührung 82, 90, 148f.
Bescheidene, der 101
Bescheidenheit 119
Beschützerinstinkt 176
Beweglichkeit 35, 58, 77, 82, 120
Bewegung(en) 11, 14ff., 19, 23, 45, 47, 58,
 63, 106, 114, 125, 133, 173, 175, 180f.,
 205f.
Bewerbung 22, 119ff., 129, 133
Blick 19f., 23, 30, 33, 35, 38, 89f., 180ff., 187
Boden 16, 23, 33, 38, 101, 106, 108, 113,
 133, 149f., 153f., 163
Brille 186
Brust 15f., 19, 23, 33, 38, 47, 103, 106, 108,
 168, 170
Busen 71, 92, 108, 128, 170

Darsteller, der 106
Daumen 193, 205f., 209, 216
Deckung 193
Depression 15
Dialog 11, 23, 28
Dominanz 47, 49f., 57, 96, 171, 199, 206
Drohsignale und -gebärden 33f., 67, 181f., 209

Ehrgeiz 47, 83
Ehrgeizige, der 49
Ellbogen 33, 193
Energie 30, 180
Eroberer, der 103

Finger 148, 191, 205f., 209, 212, 215f.
Flirt 29, 82f., 90, 96
Flucht 15ff., 23, 35, 149f., 187
Frauen 71, 76, 96, 106f., 133
Führung 47, 49, 119
Fuß/Füße 16, 92, 125, 149, 153f., 159, 163f.

Gang 154, 163
Gänsehaut 148
Ganzheit 28, 67, 71f., 76, 96, 107, 134, 138,
 154, 176

Gefahr 21, 39
Gefühl(e) 20, 28, 71, 98, 134, 138, 144, 187
Gehen 92, 156
Gehirnhemisphären 27f., 71, 134, 136
Gelenke 113
Genußversprechen 82, 170
Geschlechterverhalten 63, 82
Gesicht 14f., 30, 175f., 187f.
Gespräch 47, 120
Glatze 67, 110
Großmotorik 21
Grundhaltung, rezeptive 96
Grundreaktion 14f., 16, 19
Gruppe 40, 49, 113

Haar 82, 110, 113
Hab-acht-Position 14, 21, 33, 171
Hals 14, 57, 103, 172f., 176
Haltung 10, 58, 96
Hand/Hände 14, 16, 19, 23, 27, 50, 57, 106,
 114, 117, 125, 175, 192f., 199, 201, 205f.,
 216f., 220
Haut 14f., 90, 146, 148
Herrschaftssignale und -gebärden 47
Herz 168
Hierarchie 38, 42, 45, 47, 119f., 128
Hilfe 11, 16, 19

Identität 42
Imponierverhalten 22, 30, 33f., 67, 72, 77,
 125, 168

Kampf 16, 193
Kinn 30, 172
Kleidung 119, 128
Knie 15, 156, 164, 216
Kokette, der 106
Konflikte 11
Konfrontation 30, 50, 52, 89, 113, 156, 172
Kopf 15, 171f., 176
Körper 16, 19, 23, 27, 29, 34, 38, 45, 67, 77,
 128, 133, 146, 148f., 171
Kreativität 57, 128
Kuß 57, 92, 201

Lachen/Lächeln 15, 22, 29, 76, 175, 180, 192
Lippen 71, 191
Luftstau 33, 168

Männer 107, 110
Modulation 42, 114
Motorik 20
Müdigkeit 15, 180
Mund 21, 30, 71, 188, 192, 216
Muskulatur 15f., 19, 35, 72, 82, 138, 187
Mütterliche, die 106

Nacken 21, 33, 171f., 180
Nähe 40, 57, 133, 148, 171
Nase 188
Neugier 34, 39, 58

Oberkörper 14
Offenheit 14, 117
Ohr(en) 129, 180, 187
Opfer, das 106
Ordnung 21, 35, 64, 120

Passivität 76
Patriarch, der 106
Prägung, biologische und soziale 107

Rauchen 133
Raum 106, 113f.
Reaktion 14, 35, 72
Revierbehauptung 34
Rhythmus 14, 28, 42, 57, 101, 148
Ring(e) 183, 209, 212, 215f.
Rituale 22, 50, 52, 57
Rollen 58, 63f., 101
Rücken 15, 35, 173

Schöne, die 106
Schritt 154, 159, 163
Schulter(n) 52, 103, 173, 175, 206
Schutz 15f., 176
Schwerpunkt 153f.
Selbstbewußtsein 117, 119, 120
Sexualverhalten 34, 71, 92
Signal(e) 33, 40, 64, 77, 106, 168
Sitz(en) 57, 77, 92, 133, 150, 163f., 166
Sozialisierung 35, 42, 57f., 67, 107
Sozialverhalten 40, 90
Spannung 21, 96
Spielregeln 16, 19, 35, 40, 45, 113, 117, 120
Sprache 21, 23, 27, 57, 128, 146
Stand(punkt) (s. auch Stehen) 23, 27, 64, 92,
 113, 153f., 156, 159
Starke, der 101
Status 45, 129
Stehen 64, 92, 96, 154, 156
Stimme 71, 108, 114

Tabuzonen 90, 167
Taille 168
Territorium 34f., 38, 45, 49, 90, 107, 120,
 125, 128, 133, 153, 171, 182
Trotzhaltung 156

Unentschlossene, der 103
Unterschiede, kulturelle 40, 57
Unterwerfung 16, 19, 57

Verhalten 15, 52, 76, 98, 119
Vernebler, der 103
Verschlossenheit 10

Wangen 57, 187
Werbungsverhalten 33f., 83

Zähne 30, 191
Zeit 29, 114, 120
Ziel 47, 71
Zuneigung 29, 89
Zunge 191